AF277523

101 EDIFICIOS **CURIOSOS** DE MADRID

101 EDIFICIOS **CURIOSOS** DE MADRID

José Francisco Mediavilla

ediciones
LA LIBRERÍA

*Dedico el libro a la memoria de mis queridos padres,
también lo quiero dedicar a mi querido hijo y a Cris,
a mi hermana y sobrinos y a las personas que confían en mi.*

*Por último quiero hacer una mención especial
a Manu García del Moral por su gran ayuda.*

© José Francisco Mediavilla, 2024
© De esta edición: Ediciones La Librería, 2024
C/ Mayor, 80
28013 Madrid
Telf.: 91 541 71 70
E-mail: info@edicioneslalibreria.es

Fotografías: Manuel García del Moral,
Alicia Platas (pág. 92)
y Shutterstock (páginas: cubierta 282, 283, 284 y 285)
Cartografía: Rafael Sanz

ISBN: 978-84-9873-550-5
Depósito Legal: M-18404-2024

Impreso en España/Printed in Spain

Cualquier forma de reproducción, distribución, comunicación pública o transformación de esta obra solo puede ser realizada con la autorización de sus titulares, salvo excepción prevista por la ley. Diríjase a CEDRO (Centro Español de Derechos Reprográficos, www.cedro.org) si necesita fotocopiar, escanear o hacer copias digitales de algún fragmento de esta obra.

ÍNDICE

Palacio

B.º Las Letras

Malasaña

Callao-Gran Vía

Delicias

PRÓLOGO

El libro que tienes en tus manos, querido lector, lectora, pretende ser un paseo a través de una clasificación de edificaciones y construcciones históricas y curiosas de Madrid. Madrid es una ciudad apasionante, una ciudad con un gran número de rincones con historia por descubrir y rescatar. Al pasear por sus calles nos llama la atención y nos sorprenden viviendas y edificios con encanto, pintorescos o curiosos. Son joyas arquitectónicas de un pasado no muy lejano que han estado en consonancia con el crecimiento de la ciudad y se han convertido en la memoria y la cultura de un presente que hay que preservar para que futuras generaciones los contemplen y puedan admirar. En estilos diferentes y en periodos diferentes, algunos de ellos son verdaderos símbolos e iconos y han marcado un antes y un después, con su monumentalidad, originalidad o por la creación de novedosos materiales o elementos constructivos vanguardistas y de diseño que han marcando tendencia. Otros, igualmente, algo olvidados son maravillas de la arquitectura y los he rescatado dándoles vida propia en esta clasificación.

En definitiva, el tesoro arquitectónico de la ciudad ha ido engrosando el patrimonio histórico, cultural y artístico embelleciendo el paisaje urbano madrileño.

Disfrutadlo, madrileñas y madrileños de origen y de corazón.

Mil gracias.

EDIFICIO
LARRA

6

TEATRO
BARCELÓ

7

CASA DE
LOS LAGARTOS

2

CASA DE
LAS COBRAS

1

EDIFICIO HORTALEZA
106 Y 108

4

PALACIO
DE LONGORIA

5

BILBAO
GLORIETA
BILBAO
SAGASTA
PLA
ALON
MART
Larra
Apodaca
Serrano Anguita
PLAZA
SANTA
BARBAR
Mejia
Barceló
Lequerica
MUSEO
MUNICIPAL
Santa
Mateo
Beneficencia
San
San Lorenzo
HORTALEZA
Fernando
TRIBUNAL
Sta. Brigida
Pelayo
CHUECA

ZONA
ALONSO MARTÍNEZ

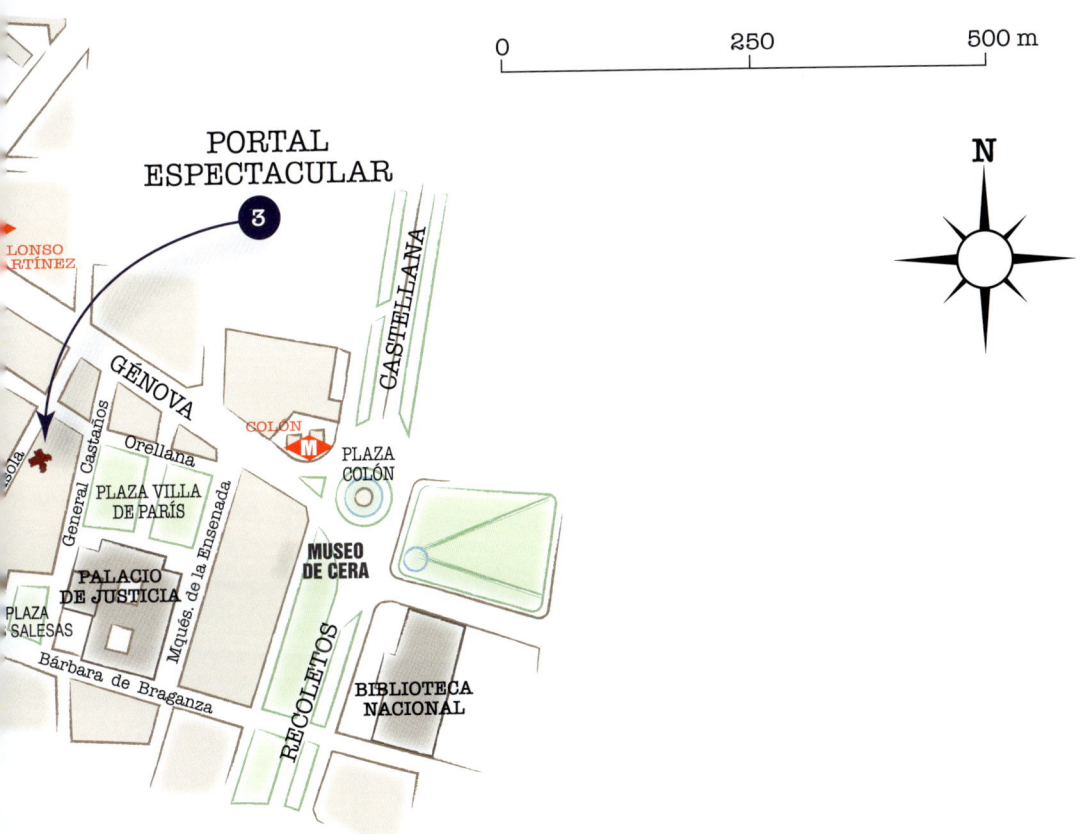

0   250   500 m

N

PORTAL
ESPECTACULAR

3

LONSO
RTÍNEZ

CASTELLANA

GÉNOVA

COLÓN

M

PLAZA
COLÓN

General Castaños

Orellana

PLAZA VILLA
DE PARÍS

Mqués. de la Ensenada

MUSEO
DE CERA

PALACIO
DE JUSTICIA

PLAZA
SALESAS

Bárbara de Braganza

RECOLETOS

BIBLIOTECA
NACIONAL

1 CASA DE LAS COBRAS
Hortaleza, 96

Fachada principal
del edificio.

Portal de la casa

Detalle decorativo
de las ménsulas con
forma de cobras .

El edificio de la Casa de las Cobras fue diseñado y construido por Arturo Pérez Merino entre 1912 y 1914, arquitecto de tendencias modernas que proyectó otra media docena de edificios en Madrid, todos ellos de un modernismo ecléctico. La fachada es sencilla, pero a su vez destaca por un conjunto de ornamentos que llama la atención: azulejos, carpintería en los vanos, rejería, detalles de molduras vegetales y florales y sobre todo ménsulas en forma de cobras o serpientes. El edificio es simétrico en todos sus elementos, con dos líneas verticales en los laterales de balconadas, y en el centro, miradores.

2 CASA DE LOS LAGARTOS
Mejía Lequerica, 1

La cornisa de la fachada está coronada por unos lagartos de color gris.

Detalles de los lagartos.

El edificio es simétrico, enmarcado dentro de la arquitectura modernista, con cinco plantas, de fachada muy ancha, pero poco fondo —cinco metros—, y esto se aprecia en las fachadas de la esquina de Mejía Lequerica con San Mateo. Fue proyectado por Benito González del Valle (1869-1952) entre 1910 y 1912, arquitecto madrileño de formación ecléctica que evolucionó hasta una sorprendente modernidad basada de la influencia del estilo de la arquitectura austríaca en Madrid, del secesionismo vienés, que alcanzó la máxima expresión en este edificio.

Cada planta correspondía a una sola vivienda en la que todas las habitaciones daban al exterior y un largo pasillo dando a la parte ciega. Es una casa sin patio de luces y carece de balconadas. En la actualidad, la mayoría de las plantas se han dividido en dos viviendas para una mayor funcionalidad comercial.

Tiene ese apelativo por los reptiles, lagartos o mejor salamandras que adornan el edificio y a modo de ménsulas parece que quisieran reptar hasta llegar a la azotea. La obra constituye un excelente ejemplo de modernidad, novedoso en el paisaje urbano madrileño.

Todo el inmueble tiene decorado el exterior con un pequeño esgrafiado debajo de cada ventana.

17

3 PORTAL ESPECTACULAR
Argensola, 20 y 22

Vista general del portal.

Las bellas columnas y cariátides dan al espacio un aspecto solemne.

Hay una joya de la arquitectura en dos portales unidos que pertenecen a un conjunto de dos edificios de viviendas. El vestíbulo está especialmente decorado con monumentales pilares de esculturas clásicas (atlantes y cariátides), con un techo de madera con casetones y grandes puertas de entrada de madera labrada. Pilastras y motivos vegetales en las paredes completan la soberbia decoración de las paredes en estilo neoplateresco. Los dos edificios fueron construidos en 1890 por el arquitecto Ricardo Rodrigo para una misma familia.

4 EDIFICIOS DE LA CALLE DE HORTALEZA
Hortaleza, 106 y 108

Sorprendente fachada de estilo belle époque.

La ornamentación está plagada de ricos detalles.

Los edificios de Hortaleza, números 106-108, constituyen en su conjunto un complejo residencial de viviendas de lujo obra de Joaquín Saldaña y López (1870-1939), arquitecto favorito de la clase aristocrática del Madrid de finales del siglo XIX a los que construyó diversos palacetes y casas señoriales de estilo *belle époque* que se conocieron en su época como estilo Saldaña.

Saldaña construye estos edificios entre 1912-1915 y corresponden a un edificio que resultó de la unión de dos solares diferentes cuyos propietarios también eran diferentes, el marqués de Foices y doña Sofía Murga. Las fachadas de Joaquín Saldaña cobraron gran protagonismo en la arquitectura madrileña y su estilo siempre se adaptaba a los gustos de las clases más pudientes que querían estar a la moda, como podemos comprobar en la fachada del edificio de la calle Hortaleza, donde predomina un estilo señorial de exquisito gusto con abundante decoración floral y rejerías de la época muy bien

elaboradas. En general, predomina la ornamentación, un estilo ecléctico y una perfecta simetría en el conjunto de los dos bloques. El edificio tiene cinco plantas y ático en las torres.

5 PALACIO DE LONGORIA
Fernando VI, 4 y Pelayo, 61

Una de las esquinas
más bellas de Madrid.

La exuberante decoración
se percibe en cualquier
detalle y elemento, como
su balcón principal.

El palacio de Longoria es la sede institucional de la Sociedad General de Autores de España (SGAE). Es obra de José Grases Riera (1850-1919), construido entre 1902 y 1904, con extraordinarias trazas modernistas. El arquitecto catalán fue el autor también del histórico edificio de La Equitativa en la calle Alcalá y del Monumento a Alfonso XII en el Retiro. El promotor fue el financiero Javier González Longoria para residencia familiar y oficinas de su sede bancaria.

Su aspecto exterior se caracteriza por una ornamentación exuberante y pletórica en motivos barrocos y rococó. En su estructura sobresalen dos alas que culminan en su centro con un torreón circular que esconde en su interior una impresionante cúpula con vidrieras policromadas. La influencia de Gaudí se pone de manifiesto especialmente en la decoración de la fachada, en la que domina la línea curva, o en el diseño en interiores, con la escalera imperial inspirada, en el modernismo francés. Hasta la

barandilla es una verdadera joya.

En 1912 el edificio fue comprado por la Compañía Dental Española para oficinas y como residencia para su presidente. El arquitecto para los nuevos usos fue el asturiano Francisco García Nava (1868-1937). En 1950 lo adquiere la (SGAE), realizando una nueva restauración, obra del arquitecto Carlos Arniches Moltó (1895-1958), hijo del famoso sainetero Carlos Arniches Barrera. En el año 1992 se vuelve a hacer una rehabilitación, obra del arquitecto Santiago Fajardo (1945-2020) y la colaboración de la arquitecta Ángeles Hernández-Rubio.

6 EDIFICIO LARRA: UN ESPACIO CON HISTORIA
Larra, 14

Fachada principal de aires modernistas con vistas a la discreta calle Larra.

La Fundación Diario Madrid, constituida en 2007, es una institución privada continuadora del carácter de lo que fue el diario *Madrid*, que significó un hito en el periodismo español. La fundación está orientada al ámbito periodístico y su promoción cultural.

La sede se encuentra en la calle Larra, número 14, de Madrid, un inmueble con mucha historia. *La Voz*, en 1908, fue el primer periódico alojado en sus dependencias; *El Sol* inició su andadura en 1917, diario liberal que tuvo como impulsor intelectual a Ortega y Gasset y

estuvo hasta la década de los años treinta; los diarios *Arriba* y *Marca* nacieron tras la contienda civil. Desde un primer momento también estuvo la redacción del semanario ilustrado *Nuevo Mundo*, revista que dejó de publicarse en 1933 y contó con firmas tan importantes como las de Miguel de Unamuno y Azorín. El diario *Madrid* cerró en 1971, pero no estuvo aquí. Su sede y redacción estuvieron en un edificio en la calle General Pardiñas.

El magnífico edificio fue levantado en 1908 por el arquitecto Jesús Carrasco. En el inmueble, modernista, resaltan las originales columnas y la decoración cerámica de Daniel Zuloaga. Desde 1994 estuvo la sede del Instituto Europeo del Diseño, que compartía espacio con la fundación, pero cerraron cuando la pandemia del COVID-19. Hoy la Fundación Diario Madrid comparte espacio con una empresa dedicada a eventos, a quien tienen alquiladas varias salas.

7 TEATRO BARCELO
Barceló, 11

La construcción, de estilo racionalista ha albergado durante su historia un cine, un teatro y una sala de fiestas.

El edificio Barceló se construye como cinematógrafo en 1930, obra de Luis Gutiérrez Soto (1900-1977), muy reconocido en la época —y artífice del edificio del Ministerio del Aire, entre otros—. La mayor parte de su obra se enmarcó principalmente entre el *art déco* y el racionalismo y la realizó en Madrid. El arquitecto construye un edificio inspirado en la iconografía naval en honor al marino que da nombre a la calle —Antonio Barceló fue un destacado marino mallorquín al servicio de la Armada española—. La fuerza expresiva y el curioso diseño de estilo racionalista con ligeros detalles *art déco* se debe principalmente al encuentro curvo de las dos fachadas y a la planta que se dispone en diagonal.

El cine Barceló se inaugura en diciembre de 1931 y el 4 de diciembre de 1974 proyecta su última película. La terraza del cine que se ponía en servicio durante las noches de verano se anunciaba como la Gran Terraza del Barceló. Entre 1975 y 1979 se convierte en teatro. Al final de la década de los setenta el promotor de la marca Pachá, Ricardo Urgell, se establece en la capital y se hace cargo del teatro Barceló. En la noche del 23 de abril de 1980 inauguró la que sería la mítica discoteca Pachá, un referente en la noche madrileña.

Desde entonces intelectuales, artistas y políticos e incluso hasta miembros de la Casa Real se daban cita en el novedoso club nocturno. Tras varios años de transición política comenzaba el movimiento hoy célebre en el mundo entero: la corriente cultural de la Movida madrileña. Se decía que en aquel imponente teatro de la calle Barceló la discoteca Pachá recordaba al Studio 54 de Nueva York.

En abril de 2013, por diferencias en la gestión entre el dueño de la firma Pachá y el propietario del edificio, se rompe la relación entre ambos, desligando a la franquicia. El edificio hoy día es la discoteca Teatro Barceló Madrid.

COLONIA
MARTÍ 12

COLONIA
MADRID MODERNO

11

DE PEÑALVER

J. ORTEGA Y GASSET

FRANCISCO

SILVELA

Don Ramón de la Cruz

Montesa

Ayala

ALCALÁ

JARDINES
MARÍA EVA
DUARTE DE PERÓN

Dr. Gómez Ulla

Roma

Castelar

Ulla

JULIO CAMBA

PLAZA
DE TOROS

M VENTAS

PLAZA
MANUEL BECERRA

ALCALÁ

M MANUEL
BECERRA

Marquez

Hermosilla

del Berro

GOYA

La Fuente

PALACIO DE
LOS DEPORTES

Jorge

Juan

ESQUERDO

CASA DE
LAS ABEJAS

15

Sesto

CASA DE
LA MONEDA

DOCTOR

M O'DONELL

ZONA
VENTAS-RETIRO
-B.º SALAMANCA

N

0   250   500 m

8 CASA DE LAS BOLAS
Alcalá, 145

Remate del edificio
entre las calles
de Goya y Alcalá.

Chaflan entre las
calles de Alcalá y
General Díaz Porlier.

Detalle decorativo
del edificio

Entre las calles Goya, Alcalá y General Díaz Polier se levantan varios bloques de viviendas donde destacan dos originales torreones —no son iguales—. El conjunto de viviendas se denomina la Casa de las Bolas. El edificio fue proyectado y construido entre 1885 y 1895 por Julián Marín en construcción neomudéjar y posteriormente ampliado y reformado por el arquitecto de tendencia modernista Luis Sainz de los Terreros Gómez (1876-1936) entre 1905 a 1906. Todo el conjunto se rehabilitó a mediados de los años noventa.

A los torreones les viene el nombre por unas esferas de distintos colores y embutidas en la fachada de ladrillo visto y azulejos de distintos colores, con filigranas y distintas formas decorativas. Hay pequeños ventanales con arcos de herradura. Ambos torreones están inspirados en el estilo de la vieja vecina plaza de toros de la calle Goya, hoy desaparecida, situada donde hoy está e WiZink Center (Palacio de Deportes de la Comunidad de Madrid). Fue derribada en 1931 cuando se inauguró la plaza de toros de Las Ventas.

En el torreón que hace chaflán entre las calles Goya y Alcalá, en sus bajos, estuvo la famosa Cervecería Santa Bárbara, que cerró sus puertas el 31 de agosto de 2016 tras casi setenta años sirviendo unas cañas *muy bien tiradas*, como se suele decir, y todo un referente en la historia de Madrid.

9 CASA DE VACAS (PAISAJE DE LA LUZ)
P.º de Colombia (Embarcadero del Parque del Retiro)

Ha albergado, a lo largo de su historia, una vaquería, una sala de fiestas e incluso un restaurante con sala de patinaje

Ubicado justo enfrente del Embarcadero del Estanque del lago, fue construido en 1833 como Casa Reservada del Real Sitio del Buen Retiro por orden del rey Fernando VII tras su retorno de su exilio en Francia. Fue obra del arquitecto Isidro González Velázquez (1765-1840), perteneciente a una larga dinastía de artistas y discípulo del famoso arquitecto de formación neoclásica Juan Antonio de Villanueva (1739-1811). Tras la revolución de 1868 el Estado cedió el Jardín del Buen Retiro, en toda su extensión, al Ayuntamiento de Madrid, para recreo de sus habitantes, el cual inició su cerramiento, con las verjas y puertas monumentales que hoy podemos contemplar, renovó las edificaciones existentes y levantó otras nuevas, como por ejemplo la Casa de Vacas. Luego, en 1874, fue alquilada a un caballero llamado Mateo Cabezas y Romera y comenzó a funcionar como una vaquería en la que se vendía leche recién ordeñada y se podía consumir en un bar ubicado cerca de los establos. En 1921 se convirtió en el restaurante Ideal Retiro, con baile y sala de patinaje. Después de la guerra civil española cayó en el olvido y en 1960 se inauguró la sala de fiestas Pavillón y se convirtió en uno de los locales más famosos de Madrid hasta su cierre en 1979. Luego cayó en el olvido, hasta que en el año 1985, tras un incendio, fue remodelada por el arquitecto Guillermo Costa Pérez-Herrero y pasó a ser gestionada por el Ayuntamiento de Madrid. Desde 1987 es la sede del Centro Cultural Casa de Vacas, que consta de dos espacios principales: uno dedicado a sala de exposiciones y otro destinado a una sala de teatro,

Remate con marcadas líneas clasicistas.

el teatro del Parque, con aforo para ciento cincuenta personas. Además, cuenta con un atrio o patio exterior, aunque en la actualidad ya no se utiliza. Antiguamente fue una pista de patinaje. En su sala de exposiciones destacan sus muestras de pintura de reconocidos artistas; además, desarrolla una extensa oferta cultural, exposiciones y eventos que se celebran anualmente.

La arquitectura es de rasgos sencillos, líneas clasicistas y pináculos. Todo el recinto, que está rodeado por patios con balaustradas de estilo decimonónico y grandes cristaleras, forma parte del Paisaje de la Luz, paisaje cultural declarado Patrimonio de la Humanidad en 2021.

10 COLONIA LA REGALADA (COLONIA RETIRO)
Titulcia, 17

Esta colonia es un oasis de paz a pocos pasos del Retiro.

Algunos ejemplos de los hotelitos, todos de estilos arquitectónicos diferentes.

Está formada por unos doscientos chalés. Es un lugar muy tranquilo cerca del Retiro.

El origen no sólo de colonia Retiro, sino de la mayoría de las colonias madrileñas que aún perviven, es humilde y comenzaron a levantarse en la primera mitad del siglo xx a raíz de la Ley de Casas Baratas de 1911. La paradoja es que ahora estas casas están supercotizadas.

La colonia está situada entre las calles Walia, Titulcia, Abtao, Martín Sarmiento, Juan de Urbieta y Conde de Cartagena y la avenida del Mediterráneo. Los terrenos van desde el Retiro hasta la calle de Doctor Esquerdo.

Lo curioso y encanto de estos hotelitos es que no hay uno igual, además, siguiendo diferentes estilos y cada uno muy peculiar: neomudéjar, vasco, francés, italiano, industrial y mixto.

La mayoría de las casas fueron proyectadas y construidas entre 1925 y 1932 por el arquitecto Fernando de Escondrillas y Luis de Alburquerque (1887-1937), autor de otras colonias acogidas a la misma ley de 1911, como la del Pico del Pañuelo (1927).

COLONIA MADRID MODERNO
Castelar, 33

Miradores de madera que nos trasladan a otra época.

Fue una colonia de chalés adosados junto a la plaza de toros de Las Ventas delimitado por las calles Cardenal Belluga, Castelar, Roma, Cartagena, Francisco Navacerrada, Campanario, Ruiz Perelló y la avenida de los Toreros. Los hotelitos de estilo modernista presentaban unos originales miradores o terrazas de madera que sobresalen de la fachada, algunos con chapitel y detalles decorativos con adornos de azulejos y hierro forjado en las ventanas. La colonia tenía todos los servicios y zonas de ocio e incluso una línea de tranvía que recorría la colonia en su trayecto

El proyecto urbanístico se realizó entre 1890 y 1930. Mariano Belmás Estrada (1850-1916) fue uno de los arquitectos que participó en el proyecto en su primera fase, figura esencial en la renovación del urbanismo madrileño en esa época y estrecho colaborador de Arturo Soria en el proyecto de Ciudad Lineal.

Valentín Roca Carbonell (1863-1937) fue otro de los arquitectos de inspiración clasicista, aunque en sus últimos trabajos fue modificando su estilo influenciado por las corrientes modernistas. Julián Marín también participó en el proyecto y fue el autor del torreón, más pequeño que los de la Casa de las Bolas, situado en la esquina de las calles Castelar y Cardenal.

El propósito fue crear un barrio moderno e innovador, con viviendas diferentes en aquella época; como llegó a decirse: «El más europeo

de todos los barrios madrileños». La colonia a comienzos del siglo XXI prácticamente había desaparecido y en la actualidad quedan unas pocas viviendas en las calles de Castelar y Roma. Su valor está muy cotizado, además de ser viviendas independientes por su privilegiada situación en pleno distrito de Salamanca.

12 COLONIA MARTÍ
Martí (Callejón calle Montesa)

Agazapada en un callejón de la calle Montesa sobrevive esta singular colonia.

Detalles de las fachadas.

La colonia Martí se encuentra casi oculta en el barrio de Salamanca, en la calle de Martí —un callejón sin salida que nace en la calle Montesa—, casi esquina a Diego de León. Fue construida en el año 1927 por el arquitecto barcelonés modernista y novecentista Eduardo Ferrés y Puig (1872-1928) para la Cooperativa de Funcionarios del Estado, Provincia y Municipio.

Se trata de un conjunto viviendas con una arquitectura elegante y singular, que podría considerarse modernista con flecos clasicistas. Las jambas de los balcones son pilastras que soportan un frontón triangular. Constan de planta baja y tres alturas.

13 ESCUELAS AGUIRRE (CASA ÁRABE)
Alcalá, 62

De estilo neomudéjar, cuenta con el ladrillo como material principal.

Busto del promotor ubicado en los jardines exteriores.

La torre de planta cuadrada es el elemento más visible del edificio.

La Casa Árabe es una institución pública española que pretende ser un centro de estudio de la lengua y del conocimiento del mundo árabe y de las relaciones con España. Desde 2008 se encuentra en el edificio de las Escuelas Aguirre.

Está apoyada por diversas instituciones públicas como el Ministerio de Asuntos Exteriores y la Agencia Española de Cooperación Internacional, las comunidades autónomas de Madrid y Andalucía. En el centro hay dos salas de exposiciones y se realizan actividades culturales y talleres; también está la librería Balqís.

Las Escuelas Aguirre surgieron como iniciativa del filántropo, empresario y mecenas don Lucas Aguirre y Juárez (1800-1873). El edificio fue diseñado por el arquitecto Emilio Rodríguez Ayuso (1846-1891), autor de la antigua plaza de toros de Goya (1874-1934).

El arquitecto construye un edificio neomudéjar con el ladrillo

visto conjugando formas y dibujos geométricos, y en el que sobresale la torre mirador de treinta y siete metros de altura con el reloj.

El inmueble albergó una escuela innovadora e incluso un observatorio meteorológico situado en la torre.

En marzo de 2008 el Ayuntamiento hace una remodelación antes de ceder el edificio a Casa Árabe.

14 VIVIENDAS PARA M. ÁNGELES ESPELIUS
Goya, 32

La fachada de este edificio es una de las más sorprendentes de todo el barrio de Salamanca.

En ella nos aguardan sorpresas como varias cabezas de elefantes ricamente engalanadas.

Las viviendas son de estilo modernista y ecléctico con flecos afrancesados. Fueron diseñadas y construidas entre 1907 y 1909 por José Espelius Anduaga (1874-1928), arquitecto conocido por varias construcciones señeras de la capital, como el teatro Reina Victoria, la plaza de toros de Las Ventas o el palacio de Villamejor en el número 3 del paseo de la Castellana, entre otras.

Destaca la decoración exterior monumental, que podríamos denominar neobarroca por la gran profusión de la decoración. La fachada de la calle Castelló es menos abigarrada ornamentalmente. Las dos fachadas están retranqueadas por motivos estéticos, donde sobresalen líneas verticales de grandes miradores. En el tercer piso hay dos espectaculares cabezas de elefante a modo de ménsulas que sujetan los dos balcones centrales. A su vez, en las jambas

de sus ventanales sobresalen ambas esculturas de cabeza de león. Pero sobre todo llama la atención en el inmueble un atlante (figura masculina) y una cariátide (femenina) de grandes dimensiones y en escorzo que presiden y sujetan la cornisa de la entrada principal. A esto hay que sumar motivos florales, guirnaldas, estucos…

15 CASA DE LAS ABEJAS
Doctor Esquerdo, 47

En el último piso sobresale un gran alero con aires clasicistas y arcos de medio punto.

En los bajos encontramos La Moderna Apicultura.

Antonio Garay Vitorica, empresario de origen vasco, fue diputado por la provincia de Cáceres entre 1916 y 1923 y estuvo muy bien relacionado con la aristocracia. Garay, adquirió terrenos en la actual calle del Doctor Esquerdo, cuando en aquella época era las afueras de la capital, y en 1919 construyó un edificio destinado a viviendas de alquiler que encargó al arquitecto Secundino de Zuazo Ugalde.

Se trata de una construcción exenta con cuatro fachadas. Contrasta la arquitectura clasicista del último piso con un gran alero de madera, con arcos de medio punto y ladrillo visto y el resto del edificio de estilo racionalista. Garay, además de construir el edificio, fundó una empresa de colmenas y el taller se ubicó en la parte trasera del edificio. La tienda y oficinas se situaron junto a la fachada principal del edificio, en un pequeño pabellón decorado con una gran colmena y dos ventanas de forja que daban paso a La Moderna Apicultura SA. Por este motivo al edificio se le empezó a llamar de las Abejas o de la Miel. A la vieja fábrica se accede por la calle Jorge Juan y todavía hoy día se puede contemplar. Posteriormente fue una ebanistería.

El curioso pabellón de las oficinas se ha convertido en la actualidad en la tienda centenaria La Moderna Apicultura. Desapareció parte de

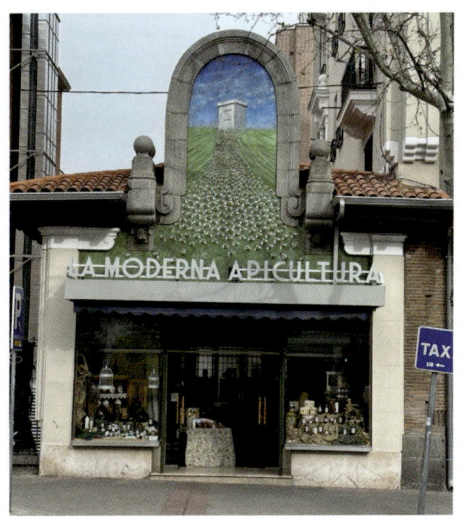

la antigua decoración, aunque aún se conserva la zona superior de la fachada. Aunque ya no exista la fábrica de colmenas, la dulce miel continúa a nuestra disposición. La Moderna Apicultura ha sido pionera en la comercialización de productos apícolas en España y es en la actualidad una de las más antiguas del sector. Al entrar a la tienda llama la atención una vidriera de la Casa Mauméjean junto a tres antiguos depósitos de miel.

16 VIVIENDAS PARA PABLO MORENO
Alcalá, 121

La fachada principal llama la atención por su espectacular torreón.

El tambor del torreón principal con sus singulares formas geométricas.

En la calle Alcalá, número 121, en esquina y con un lateral que mira a Príncipe de Vergara, se puede contemplar una gran obra modernista. El edificio es asimétrico con una ligera ornamentación floral en la fachada y destaca por un grandioso torreón central y por sus elegantes miradores curvos en el chaflán. El arquitecto es el madrileño Julio María Martínez-Zapata Rodríguez (1863-1953), que logra la Medalla de Oro en Bellas Artes de Madrid en 1903.

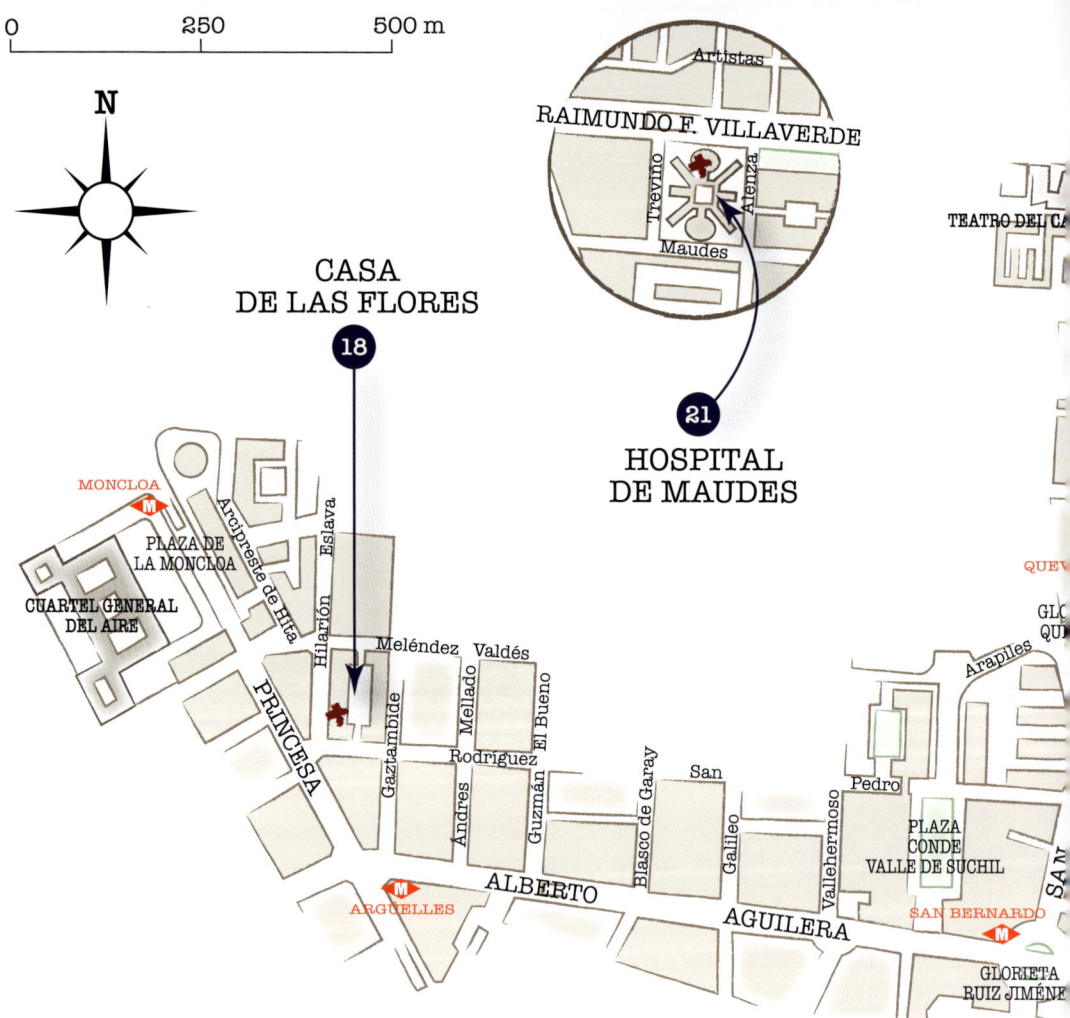

CASA
DE LAS FLORES

18

RAIMUNDO F. VILLAVERDE

Artistas

Treviño

Atienza

Maudes

TEATRO DEL CA

21

HOSPITAL
DE MAUDES

MONCLOA

PLAZA DE
LA MONCLOA

CUARTEL GENERAL
DEL AIRE

Arcipreste de Hita

Eslava

Hilarión

Meléndez   Valdés

Gaztambide

Mellado

Guzmán El Bueno

Rodríguez

Andres

Blasco de Garay

San

Galileo

PRINCESA

ALBERTO

AGUILERA

ARGÜELLES

Vallehermoso

Pedro

PLAZA
CONDE
VALLE DE SUCHIL

Araplles

QUEV

GLO
QU

SAN BERNARDO

GLORIETA
RUIZ JIMÉNE

0   250   500 m

N

QUEV

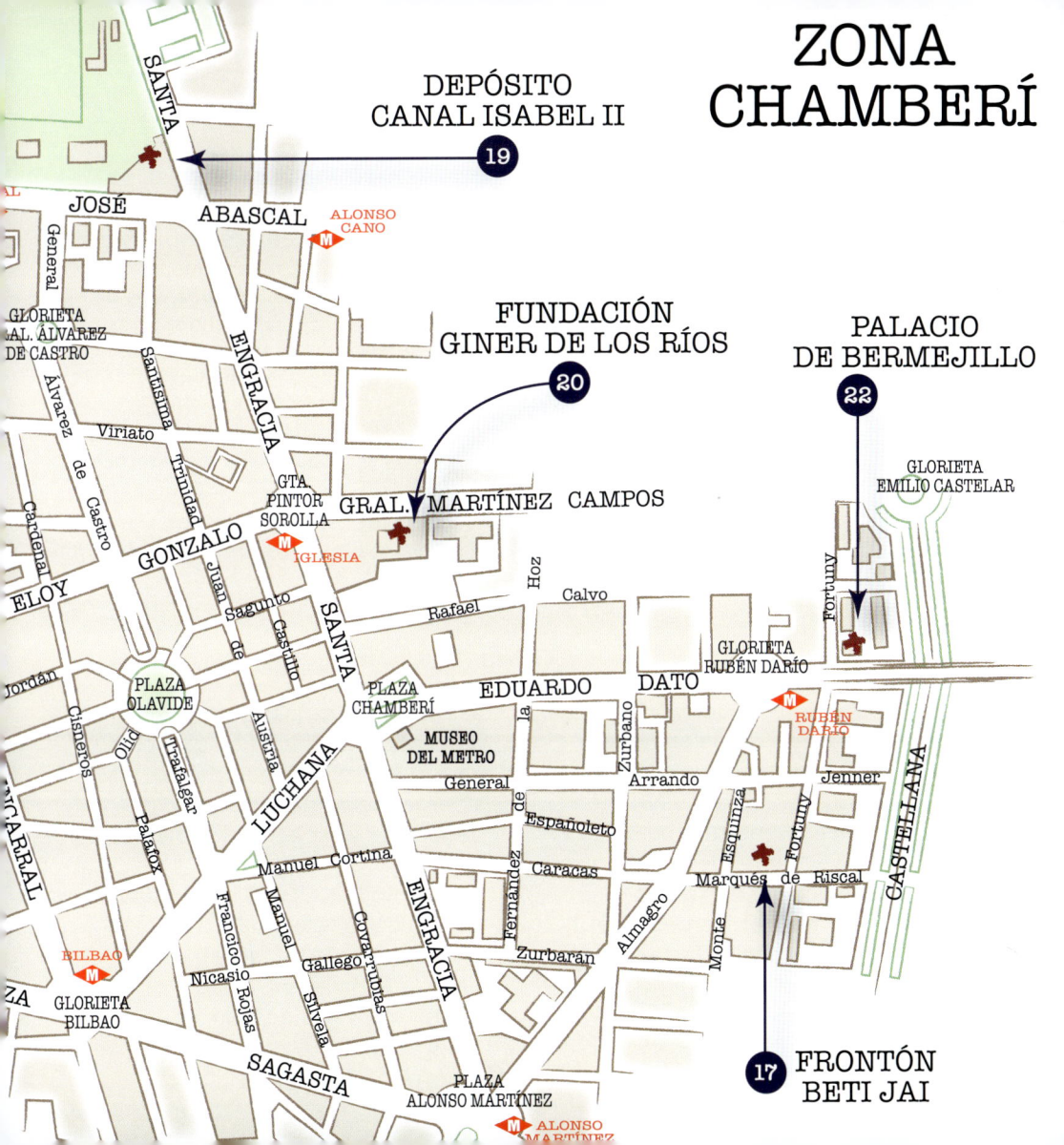

17 FRONTÓN BETI JAI
Marqués de Riscal, 7

Este antiguo frontón es, sin duda, una de las grandes joyas arquitectónicas de Madrid.

Detalles de las gradas, que en su día albergaron a 4.000 espectadores.

Gracias a la popularidad que el juego de pelota vasca alcanzó a finales del siglo XIX, se construyó en Madrid el frontón Beti Jai en el barrio de Chamberí. El arquitecto santanderino Joaquín Rucoba y Octavio de Toledo (1844-1919) fue el encargado del proyecto en el año 1893; también había realizado la construcción de otro frontón similar en San Sebastián. Sería inaugurado el 29 de abril de 1894 con una capacidad para cuatro mil espectadores, albergando competiciones deportivas y espectáculos diversos.

El frontón es un edificio singular y único en su tipología. Lo más característico es su fachada curva lateral y el entramado de columnas y vigas de hierro de

fundición que soportan la gradería, curvándose algunas de ellas para poder contemplar la pista desde cualquier punto. Está realizado en diferentes estilos: el eclecticismo de la fachada principal, el neomudéjar presente en algunas partes del interior y la arquitectura del hierro característica del siglo XIX, además de vidrio y hormigón, utilizando las técnicas más modernas y los materiales más innovadores.

Debido a su monumentalidad, los madrileños le otorgaron el título de Teatro Real de Frontones. A comienzos del siglo XX el juego decayó, dejando de funcionar en el año 1919. A partir de esta fecha tuvo diversos usos como taller de coches, cárcel o taller de objetos de escayola, entre otros. En mayo de 2015 el Ayuntamiento finalizó el proceso de expropiación y adquirió el Beti Jai. Comenzaron las obras de rehabilitación con un minucioso trabajo de investigación y finalizaron a principios de 2019. En la actualidad se cumplen casi ciento treinta años de historia y es Monumento Nacional y Bien de Interés Cultural. Se encuentra también dentro del área protegida del Conjunto Histórico de la Villa de Madrid.

18 LA CASA DE LAS FLORES
Hilarión Eslava, 2

En esta singular construcción vivieron, entre otros, Pablo Neruda y Emilio Carrere.

"Madrid recuerda a Pablo Neruda" se puede leer en la original escultura conmemorativa en la esquina de Hilarión Eslava.

Es un bloque de viviendas que fue un encargo del Banco Hispano Colonial —institución financiera española con sede en Barcelona, creada en 1876 por el marqués de Comillas—, que financió la obra para el ensanche de Madrid. Secundino

Zuazo Ugalde (1887-1970) fue el arquitecto y urbanista vasco que realizó el proyecto en 1932 y que marcó un antes y un después en la historia de la arquitectura española empleando el lenguaje racionalista.

A diferencia de las construcciones madrileñas, que utilizaban sillares de granito para los zócalos, la Casa de Las Flores utilizó el ladrillo visto en toda la fachada hasta el borde de la acera. Construida como vivienda social, aportaba soluciones a todos los problemas de la vivienda del primer tercio del siglo XX. Todas son todas exteriores, bien iluminadas, con buena ventilación y una distribución de espacios con su corredor ajardinado que fue tendencia para la arquitectura de los años cincuenta y sesenta. Y más que edificio, podría decirse que es un conjunto urbano, pues ocupa toda una manzana, algo impresionante.

Durante la defensa de Madrid de la guerra civil española se provocaron grandes daños en el edificio y fue restaurado en los años cuarenta del siglo XX respetando sus formas originales.

En esta casa vivió el poeta Pablo Neruda en 1934 recomendado por su amigo Rafael Alberti. Una casa interesante por la gran cantidad de intelectuales que allí vivieron. También fue vecino el literato Emilio Carrere Moreno.

En el año 1981 fue declarada Monumento Nacional.

19 DEPOSITO CANAL ISABEL II
Santa Engracia, 125

Construido en 1912 este antiguo depósito alberga en la actualidad una sala de exposiciones.

Interior de la actual sala de exposiciones.

doce lados y doce contrafuertes que ayudan a soportar el enorme peso. El interior del depósito es cilíndrico y posee un volumen de mil quinientos metros cúbicos elevado a una altura de treinta y seis metros.

Se trata de una joya del patrimonio industrial, una de las obras más notables de arquitectura hidráulica e ingeniería civil del primer tercio del siglo xx en una demostración de progreso tecnológico y social con un innegable valor arquitectónico

En 1952 el depósito dejó de tener utilidad y pasó a ser un edificio de documentos del Canal. En 1986, tras una rehabilitación por los arquitectos Javier Alau y Antonio Lopera Arazola, se decidió convertirlo en la Sala Canal de Isabel II, un espacio emblemático de referencia nacional e internacional en la difusión de las últimas tendencias en torno al mundo de la fotografía y la imagen. La Subdirección General de Bellas Artes de la Comunidad de Madrid es la encargada de gestionar este espacio.

El primer depósito elevado, denominado popularmente como el Vaso, se proyectó para garantizar el abastecimiento a las zonas con baja presión de la ciudad.

El edificio fue construido entre 1907 y 1912 por los ingenieros Luis Moya Ydígoras (1867-1953) y Ramón de Aguinaga Arrechea (1852-1933), con la colaboración del también ingeniero Diego Martín Montalvo (1855-1905). De estilo ecléctico, es una obra monumental de carácter industrial que destaca por su singularidad y estética exterior de ladrillo rojo, cúpula gris, forma poliédrica, de

20 FUNDACION GINER DE LOS RÍOS
Martínez Campos, 14

Este proyecto arquitectónico recibió en el año 2015 el Primer Premio por parte del Colegio Oficial de Arquitectos.

Francisco Giner de los Ríos, filósofo y pedagogo, es una de las figuras intelectuales más destacadas en la historia de España. Nació en Ronda en 1839 y fue el principal creador y director de la Institución Libre de Enseñanza (ILE), fundada en 1876. Asimismo, fue el introductor del pensamiento krausista en España junto con Fernando de Castro (1814-1874). Este pensamiento, perseguía la libertad de cátedra y la tolerancia académica. Giner de los Ríos, hombre sencillo que no quería ningún protagonismo, ha sido un referente para la cultura española y, junto a otros colegas suyos de universidad, llevó a cabo una tarea pionera de renovación cultural, educativa y científica del siglo XX. «La ILE nació para defender la libertad de enseñanza y no ajustarse a los principios y doctrinas oficiales. Y tal y como señalaban sus estatutos se declaraba ajena a todo el interés religioso, ideología o partido político».

Apoyaron el proyecto de fundación de la ILE, entre otras personalidades, Laureano Figuerola, que fue el primer presidente de la institución, Joaquín Costa, Augusto González de Linares, Gregorio Marañón, Santiago Ramón y Cajal o Nicolás Salmerón.

La obra de Giner de los Ríos influyó en escritores de la talla de Azorín, Unamuno o Machado.

En 1884 Giner de los Ríos y Manuel Bartolomé Cossío (1857-1935) instalaron su vivienda, escuela y futura ILE en una quinta ajardinada en las entonces afueras de Madrid, donde se encuentra en la actualidad. Cossío vivía con mujer e hijos y Giner con ellos en el mismo caserón. Cossío fue un pedagogo krausista e historiador

57

del arte español, muy amigo y sucesor de Giner. La escuela al principio fue una escuela privada y en 1918 se crea el Instituto-Escuela. Entre sus alumnos estuvieron los hermanos Machado —Antonio y Manuel—, una hija de Sorolla, Emilia Pardo Bazán… Al fundarse la institución, Cossío fue uno de sus primeros alumnos.

En la educación el maestro no sólo daba una educación escolar, sino una educación para la vida, una formación integral. No había libros de texto; los manuales eran los cuadernos donde los alumnos expresaban sus ideas de la información que recibían. Unamuno llamaba al maestro el Sócrates español, por todo lo que se cuestionaba, preguntaba y explicaba. Las famosas colonias escolares de vacaciones, fueron una de las muchas iniciativas de la Institución Libre de Enseñanza. Tras la Guerra Civil los edificios quedaron muy dañados y hubo un parón en esa renovación intelectual que la sociedad necesitaba y que Giner pretendía. En 1978, en plena Transición, se instaló el Colegio Nacional Eduardo Marquina.

La fundación es una institución educativa y formativa constituida en 1916 que continúa el legado de Giner de los Ríos y cuyo principal impulsor fue su alumno más destacado, Bartolomé Cossío. «Historia, tradición, modernidad y enseñanza» es su emblema.

Giner falleció en esta casa en 1915. Un año después se creó la fundación.

En 2003 comenzó la rehabilitación y ampliación de la histórica sede. Para crear el nuevo edificio se aprovecha parte de la vecina casa donada por el profesor Ricardo Rocha. La arquitecta Cristina Díaz Moreno y el arquitecto Efrén García Grinda se encargaron del proyecto teniendo en cuenta valores institucionistas de los fundadores, es decir, sostenibilidad, funcionalidad, buena iluminación natural y sobre todo integración de los espacios con el jardín. Por un lado, conservaron y rehabilitaron íntegramente los edificios históricos que ya existían: el caserón y el Pabellón Macpherson —laboratorio—. Este pabellón se llama así porque el intelectual y polifacético gaditano José Macpherson y Hemas, geólogo, que conoció a Giner en Cádiz en 1875, aportó a la fundación el laboratorio de física y química. Hay que señalar, y esto es importante, que el pabellón atesora la memoria de la arquitectura escolar inspirada por la ILE: grandes ventanales por donde entrara la luz, el sol y el aire… y que hubiera un espacio cubierto en sus bajos, a modo de atrio, para que las alumnas y alumnos pudieran salir y jugar en el exterior, al aire libre. En ambos casos se han mantenido las fachadas y espacios originales. El resto de edificaciones han sido sustituidas por una volumetría, con un conjunto de nuevos espacios o pabellones de rejilla que se relacionan entre sí a través del protagonista principal, el jardín, ya que la ILE buscaba un contacto directo con la naturaleza. Todos los espacios modulares en su conjunto forman el edificio y cada modulo es un aula que sobresale, recibiendo iluminación natural y a la vez con plantas trepadoras para seguir tomando protagonismo el

El auditórium es uno de los espacios más sorprendentes de la fundación.

espacio verde. El diseño del jardín es obra de la paisajista e ingeniera catalana Teresa Galí-Izard. En el sótano hay un moderno auditórium y una sala de exposiciones.

La inauguración de la nueva sede fue en el verano de 2014. En 2015 recibió el Primer Premio COAM.

21 HOSPITAL DE MAUDES
Maudes, 17

La fachada del edificio recuerda al Palacio de Comunicaciones, también obra de Antonio Palacios.

Aspecto de unos de los jardines interiores del edificio.

El Palacio de Maudes o antiguo Hospital de Jornaleros de San Francisco de Paula es un edificio que llama la atención. Tiene la entrada principal por la calle Maudes, y ocupa una manzana.

Nació de una acción filantrópica de Dolores Romero y Arano, viuda de Francisco Curiel y Blasi, empresario y propietario de varias acerías vascas y uno de los fundadores del Banco de España. La benefactora contrata para la realización de la imponente obra a Antonio Palacios (1874-1945) y Joaquín Otamendi (1874-1960). En 1908 se redacta la memoria y el trabajo se realizó entre 1909 y 1916. Los arquitectos compaginaron el trabajo con los del Palacio de Comunicaciones, que coinciden en algunos elementos, como las torres monumentales cuadrangulares y cierto aspecto catedralicio.

El edificio de Maudes en su conjunto es una obra maestra, un edificio con la firma y monumentalidad de Palacios, sin olvidar el sello de Otamendi. El edificio consiguió el Premio Anual del Ayuntamiento en 1917.

En la construcción del hospital los arquitectos tuvieron presente el *modelo panóptico*, una estructura en aspa que favorecía la vigilancia de los enfermos desde el centro del edificio para una mejor asistencia. Es decir, se diseñó el hospital de forma radial alrededor de un patio central octogonal, de modo que de él partían cuatro pabellones

que, vistos desde arriba, dibujan una cruz. Destaca la piedra caliza o calcárea a modo de sillares, con un almohadillado irregular en todo el conjunto exterior —es decir, sin labrar—, el granito en todos sus muros y revestimientos interiores en suelos y zócalos, lo más perfecto hasta el momento en calefacción,

61

En el interior se tuvo en cuenta la iluminación y la ventilación cruzada para evitar contagios.

hay que añadir que las cerámicas originales de la fachada fueron obra de Daniel Zuloaga (1852-1921); y las interiores, del ceramista andaluz Manuel Ramos Rejano (1851-1922).

El edificio cuenta también con iglesia, la parroquia de Santa María del Silencio. En el templo destacan las impresionantes vidrieras policromadas de la prestigiosa firma francesa Mauméjean, detalle ornamental que puede interpretarse como un acercamiento al modernismo. Tiene un elevado interés como patrimonio industrial, ya que conserva una de las primeras instalaciones industriales de campanas de España sin mecanizar.

se tuvo en cuenta la disposición de los pabellones —mucha iluminación natural y ventilación para evitar en lo posible contagios—, alumbrado eléctrico, telefonía interior y timbres, laboratorios, ascensores, sistema completísimo de material sanitario, amplios jardines, etc. Por otro lado,

La fundación del hospital fue en 1912, como una sociedad benéfica dedicada a la consagración de san Francisco de Paula. En 1917 entra en funcionamiento administrado y asistido por la Orden Hospitalaria de San Juan de Dios y tenía como objeto alojar y atender a obreros o jornaleros que no tenían medios económicos suficientes.

Dolores Romero fallecería en plena Guerra Civil, en 1936, y sería enterrada junto a su familia en la cripta de la iglesia. Posteriormente el hospital fue regentado por facultativos bajo unos estatutos.

Cuando llegó la Guerra Civil, el centro pasó a llamarse Hospital Obrero de Maudes u Hospital Obrero de Cuatro Caminos y se prestó al servicio hospitalario de los heridos en el frente. En 1939 se convierte en Hospital Militar de Urgencias. En los sesenta comienza el declive del hospital, se cierra en 1970. En 1976 la Dirección General de Patrimonio comienza un expediente para declarar el edificio Monumento Histórico-Artístico, que se hace efectivo en 1979. Además, hubo un fuerte apoyo vecinal, bajo el lema «Salvad Maudes». La Comunidad de Madrid compra en 1984 el inmueble y entre este año y 1986 se rehabilita para la nueva actividad. La iglesia y sus dependencias quedaron excluidas de la compra. El 23 de septiembre de 1986 se inauguró el edificio como sede de la Consejería de Ordenación del Territorio, Medio Ambiente y Vivienda de la Comunidad de Madrid. En 1997 el inmueble fue incluido en el catálogo de edificios protegidos con el grado de protección especial en el Plan General de Ordenación Urbana de Madrid. Entre los años 2006 y 2008 se ha efectuado una nueva remodelación, esta vez con una restauración integral de las fachadas y del muro perimetral.

Durante estos años, desde que se instala la Comunidad de Madrid, ha sido necesario el continuo acondicionamiento del inmueble, llevado a cabo y coordinado por el arquitecto Andrés Perea Ortega, con parámetros de ecología y sostenibilidad. En la rehabilitación y restauración se han tenido en cuenta los elementos originales y un diseño del mobiliario que no desentonara con el gusto de la antigua arquitectura.

Actualmente acoge la sede de la Consejería de Transportes, Vivienda e Infraestructuras.

22 PALACIO DE BERMEJILLO
Eduardo Dato, 31 y Fortuny, 22

Fachada principal del palacio con sus dos características torres con aleros de madera.

Detalle de uno de los balcones.

Denominado también palacio de los Marqueses de Bermejillo del Rey, se encuentra en el barrio de Almagro, en Chamberí. La calle Eduardo Dato antes era el paseo del Cisne y el palacio se edificó en uno de los lugares preferidos junto al paseo de la Castellana por la alta burguesía y la nobleza para levantar sus viviendas. Cuando se construyó el palacio no existía el puente levadizo actual, por lo que la perspectiva era diferente, más amplía.

Los marqueses Francisco Javier Bermejillo del Rey y doña Julia Schmidtlein y García vivieron en él hasta 1932. Bermejillo fue hijo de un rico financiero e industrial vizcaíno y un destacado miembro de la corte y amigo personal de Alfonso XIII, quien le concedió el título de marqués. El título de los marqueses sigue existiendo en la actualidad con sus herederos.

Para la construcción del palacio se contrataron a los arquitectos José Reynals y Benito Guitart Trulls, pero el diseño no gustó a los marqueses, por lo que se optó por el famoso arquitecto Eladio Laredo y Carranza (1864-1941). (Nota: algunas fuentes dicen que el

primer proyecto de la construcción del palacio corrió a cargo del arquitecto alemán Franz Rank y que Eladio Laredo sólo lo firmó).

El proyecto se hizo entre 1913 y 1916 en estilo neoplateresco, también llamado estilo Monterrey, por sus claras influencias con el histórico palacio del siglo XVI de

Mirador con rejería.

de madera que rematan las torres y el resto del palacio le da cierto aire regionalista. Otros elementos a destacar son la balaustrada, bajo la cual se dispone una galería de arcos carpaneles, pequeños pináculos, criaturas fantásticas que tienen su presencia en las gárgolas que asoman en voladizo, ventanas miradores o el balcón central con frontón.

Hay que señalar que la casa-palacio de Bermejillo tiene elementos modernistas y detalles románticos. El plateresco es un estilo genuino español que se desarrolla entre el gótico tardío y el Renacimiento, a finales del siglo XV. El neoplateresco surge a finales del siglo XIX y principios del XX con un estilo fuertemente ornamental, sin olvidar la influencia ecléctica propia de la época. El palacio se considera una obra maestra del neoplateresco.

En el interior merece atención especial la biblioteca de madera, que también se recuperó, y su chimenea, de cerámica del siglo XIX. Asimismo, hay zócalos de cerámica

Salamanca obra de Rodrigo Gil e Hontañón, una de las obras más representativas del renacimiento español. La fachada principal y más llamativa es la que mira a Eduardo Dato, que tiene como características principales los dos torreones con arcos de medio punto realzados y separados por pilares. Los aleros en los pasillos que bordean la escalera y conserva el suelo y el artesonado de estilo mudéjar. También hay elementos traídos de conventos, influencia del coleccionismo propio de esos años, como puertas de madera policromada con relieves platerescos, rejerías o las columnas salomónicas de madera, etc.

Balaustrada en la que es posible ver varias gárgolas.

Los marqueses se arruinaron y tuvieron que venderlo. Los nuevos propietarios fueron un matrimonio de industriales coleccionistas uruguayos: Ramón Rodríguez y María Bauzá. Durante la Guerra Civil se cedió el palacio a la Embajada de la República Checoslovaca y en 1964 la Dirección General de Patrimonio Histórico se hizo cargo del inmueble y fue la encargada de la restauración, acondicionando a unos usos más modernos y preservando todo el tesoro artístico. En 1983 la institución del Defensor del Pueblo traslada su sede principal desde unas oficinas en la calle Alfonso XI al recién restaurado palacio; además, cuentan con otro edificio en la calle Zurbano, número 42, en el que se ubica la oficina de atención al público. El Defensor del Pueblo es el Alto Comisionado de las Cortes Generales encargado de defender los derechos fundamentales y las libertades públicas de los ciudadanos mediante la supervisión de la actividad de las administraciones públicas españolas. En 1998 se hizo otra reforma.

EDIFICIO DE
LOS ATLANTES **23**

BAILÉN

La Bola

San Quintín

Pavia

Arrieta

Cuest

CASA PALACIO
RICARDO AGUSTÍN
35

PALACIO REAL

PLAZA
ORIENTE

Felipe V

TEATRO REAL

P
ISA

Carlos III

Lepanto

Vergara

Sta. Amnistía

Stra. Clara

Unión

CASA PALACIO
DOMINGO TRESPALACIOS
34

Requena

PLAZA
RAMALES

PLAZA
SANTIAGO

Lemos

Santiago

CATEDRAL
NTRA. SEÑORA
DE LA ALMUDENA

Factor

San Nicolás

Srs. Luzón

36

26

EDIFICIO
ART DECÓ

FARMACIA
REINA MADRE

San Luzón

PZA.
LA VILLA

MAYOR

CASA DE
LA VILLA

Cordón

BAILÉN

33

Sacramento

TORRE Y CASA
DE LOS LUJANES

PZA.
CRUZ VERDE

Rollo

PZA.
CORDÓN

Segovia

CASA DEL CORDÓN **32**

CASA ESTRECHA

ZONA
PALACIO

27 HOTEL INTERNACIONAL

28 COMPAÑÍA COLONIAL

29 CASA DE CORDERO

30 CASA PALAZUELO

31 CASA RUIZ DE VELASCO

ACCIDENTE AÉREO

PLAZA DOMINGO

SANTO DOMINGO

Veneras

Conchas

los Ángeles

Trujillos

PZA. SAN MARTÍN

PZA. DESCALZAS

San Martín

Maestro

Victoria

Preciados

Carmen

PZA. CELENQUE

SOL

PUERTA DEL SOL

PRESIDENCIA DE LA CAM

PZA. PONTEJOS

Correos

Postas

Espartero

ARENAL

Hileras

Bordadores

MAYOR

PZA. RADORES

PLAZA MAYOR

PZA. MIGUEL

CONDE AJAS

Cuchilleros

PUERTA RRADA

Bustamilla

Peral

N

0   250   500 m

23 EDIFICIO DE LOS ATLANTES
Arrieta, 12

Los atlantes que custodian la entrada principal son el elemento más llamativo de la obra.

Detalle de una de las figuras que reciben al visitante.

La Real Academia Nacional de Medicina de España se fundó en 1861. Dadas sus necesidades académicas y funcionales, se construye este monumental edificio y se instala en el en 1914. Primeramente, la Biblioteca Nacional estuvo instalada en este histórico caserón, antes llamada Real Librería. Por este motivo la calle Arrieta durante un periodo se llamó de la Biblioteca.

Entre todas las obras monumentales levantadas en Madrid a principios del siglo XX, este edificio puede considerarse como una joya de eclecticismo estilístico madrileño de inspiración neoclásica, obra de Luis María Cabello Lapiedra entre 1910 y 1913. El arquitecto fue una figura destacada de las corrientes nacionalistas y regionalistas que condicionaron buena parte de la arquitectura madrileña. Es de destacar su entrada de espectacular fachada, flanqueada por dos monumentales y bellos atlantes —estatua con figura de hombre— que sirven de columna, sobre las cuales descansa una cornisa o un entablamento.

El inmueble consta de dos pisos donde sobresalen dos grandes columnas corintias a cada lado. El primer piso presenta una balconada corrida y cada vano está coronado por frontones triangulares, mientras

que el superior presenta ventanas de menor tamaño. La fachada se corona con una balaustrada y un grupo escultórico de dos matronas rodeando el escudo de España.

Hay que destacar la biblioteca y el Museo de Medicina Infanta Margarita, fundado en 2012, con exposiciones temporales y conferencias.

24 ACCIDENTE AEREO
Milaneses, 3

El edificio cuenta con una sorpresa en su azotea que muy pocos ven.

Detalle de la escultura *Accidente aéreo*.

He aquí el edificio para Pedro Lacalle Martín y Manuel Alonso. De estilo ecléctico, construido entre 1914 y 1915, obra de Joaquín de la Concha Alcalde (1849-1918), arquitecto modernista afín a las corrientes historicistas que surgieron en el último tercio del siglo XIX. La arquitectura del edificio es sencilla;

balcones y miradores se mezclan con una profusa decoración de guirnaldas y motivos florales. Pero lo interesante y curioso del edificio no es su arquitectura, sino lo que nos encontramos si alzamos la vista a lo alto del edificio de cinco plantas. Se trata de una escultura urbana maravillosa y diferente: *Accidente aéreo*, del escultor Miguel Ángel Ruiz Beato.

Podríamos pensar que se trata de la segunda representación de Lucifer en Madrid después de la estatua del Ángel Caído del parque del Retiro de Ricardo Bellver. Pero no es así, se trata de un hombre alado y desnudo que se incrusta de cabeza en la azotea del inmueble, ya que venía volando. La obra, realizada en bronce, encierra una historia que su autor sintetizó de la siguiente manera:

«Hace 10 000 años, un hombre alado sale a dar una vuelta y, al volver, volando tranquilamente de espaldas mientras toma el sol, no se percata de que en el prado en el que aterriza siempre ha crecido toda una ciudad. El resultado es este accidente; una escultura del despiste».

La escultura pasa desapercibida y sigue siendo una obra desconocida por mucha gente. Se instaló ahí a petición de los dueños de la finca, amigos del escultor.

25 LA CASA ESTRECHA
Mayor, 61

Vista donde localizamos esta fina construcción, una de las más estrechas de Madrid.

Placa que nos recuerda que en este edificio vivió, y murió, el célebre autor del Siglo de Oro.

En el primer piso (piso principal) vivió el insigne literato barroco del Siglo de Oro don Pedro Calderón de la Barca. Allí vivió durante dieciocho años hasta que falleció en 1681.

La casa fue edificada a mediados del siglo XVII por el arquitecto Manuel del Olmo y se la bautizó como

La Casa Estrecha, pues cuenta con una fachada que no llega a los cinco metros de anchura, siendo una de las más angostas de Madrid. Sólo permite tener un balcón. La vivienda se reformó posteriormente y se le añadieron dos plantas. Cuando vivía el escritor contaba con dos y ahora se alzan cuatro.

En 1859 el inmueble, que había cambiado de dueño, se encontraba en estado ruinoso y estuvo a punto de ser demolido con el propósito de construir en el solar un edificio más moderno. Fue entonces cuando intervino el escritor, periodista y cronista de la villa, Mesonero Romanos, que hizo una llamada al pueblo de Madrid, a la autoridad municipal, al Gobierno y hasta a la reina Isabel para que el edificio señero se respetara. Al final le hicieron caso y no se llevó a cabo la demolición. Junto al portal hay un negocio de bisutería y, como curiosidad, con una interesante portada galdosiana todo el conjunto.

FARMACIA DE LA REINA MADRE
Mayor, 59

Vista general del edificio modernista de la Antigua Farmacia de la Reina Madre.

Acceso del establecimiento comercial, el más antiguo de Madrid.

L a Antigua Farmacia de la Reina Madre (La Botica de la Reina Madre) está situada en el número 59 de la Mayor. El edificio donde actualmente se ubica es uno de los mejores ejemplos del modernismo madrileño. Fue construido entre 1912 y 1914 por el arquitecto municipal Jesús Carrasco-Muñoz Encina (1869-1957), que desarrolló una gran actividad en la evolución general de la arquitectura madrileña durante la primera mitad del siglo XX y tuvo en cuenta las nuevas arquitecturas modernas de los años veinte, participando además en proyectos como la creación de la Gran Vía o en el histórico Gran Hotel Reina Victoria en la plaza de Santa Ana, entre otros.

El edificio destaca por su simetría, grandes miradores laterales y una línea de balcones en el centro intercalando pilastras. Fue promovido por su primer propietario, el boticario Roberto Moreno, cuya familia mantuvo la propiedad de esta farmacia desde las primeras décadas del siglo XIX.

El primitivo negocio de la farmacia data de 1578, en la calle Sacramento, fundada por un alquimista veneciano. Al parecer, tomó el nombre por

la reina Isabel Farnesio, madre de Carlos III y segunda esposa de Felipe V, y fue este monarca quien le concedió el escudo oficial y el nombre de Reina Madre en honor a su esposa, convirtiéndose en la botica referente de la Casa Real. Y ya en el siglo XIX también se dice que la reina regente, María Cristina,

Detalle de uno de los balcones.

encargaba en ella sus medicinas.

Desde el 1 de octubre de 1914 la farmacia ocupa la planta baja del edificio. En 1931 adquiere el negocio José Cid Guerrero, cuyos herederos han continuado con el establecimiento farmacéutico hasta hace poco tiempo. Actualmente la farmacia es regentada por otra dirección. Es de resaltar que mantiene intacta la estructura de la botica original, aunque últimamente se ha hecho una remodelación ampliando el espacio. A destacar la exquisita decoración de azulejos del famoso ceramista talaverano Juan Ruiz de Luna a ambos lados del local, en cada uno de los cuales aparece una fecha: «1578», año de la fundación de la farmacia, y «1914», fecha en la que se trasladó a su actual emplazamiento.

Es de admirar el mostrador de caoba labrada, a partir de la decoración diseñada por Antonio Roselló en 1914. También destacan y se pueden contemplar la colección de frascos de farmacia de distintas épocas y los cajones de madera para las recetas organizados para cada cliente. También ha conservado objetos de gran valor histórico y recetas antiguas, una de ellas a nombre de Miguel de Cervantes. Su sótano fue lugar de reunión de personajes de la política y la cultura, entre ellos, Benito Pérez Galdós, quien menciona esta botica en sus *Episodios nacionales*.

La farmacia ha sido galardonada por el Ayuntamiento de Madrid con una placa de bronce diseñada por el académico Antonio Mingote que desde 2006 se decide otorgar a los establecimientos históricos y centenarios de la ciudad.

27 ANTIGUO HOTEL INTERNACIONAL
Arenal, 19

Fachada del edificio, característica por sus numerosas cariátides.

Detalles de las cariátides.

Este edificio espectacular llama la atención al paseante al alzar la mirada, pues toda la fachada está abarrotada de esculturas de bustos de medio cuerpo de mujer (cariátides). Además, en la decoración, ejemplo

del neobarroco imperante en Madrid a finales del XIX, sobresalen las balaustradas de piedra o rejería y pilastras almohadillados. Fue Manuel López Rego el promotor el que mandó construir para viviendas el inmueble en 1862 a los arquitectos José María Mellado y Máximo Robles.

En 1908 se convirtió en el hotel Internacional, siendo a principios de los años treinta uno de los hoteles más confortables de Madrid. con habitaciones con calefacción central y baños. Para acondicionarlo como hotel se hizo una nueva reforma, manteniendo la fachada, obra de Mariano Belmás Estrada (1850-1916),

arquitecto y urbanista, uno de los socios fundadores y primeros artífices de la Ciudad Lineal de Madrid.

El hotel cerró y a mediados de los años ochenta el edificio se convierte nuevamente en viviendas, siendo rehabilitado por el arquitecto Horacio Domínguez, que es como sigue en la actualidad.

28 ANTIGUA COMPAÑÍA COLONIAL
Mayor, 16

Uno de los edificios más espectaculares de toda la calle Mayor.

Entrada principal con el dios Mercurio presente.

1866. Su objetivo fue la importación de café, té y cacao, junto con la elaboración y comercialización. En la colonia de Guinea, la familia Méric tenía propiedades y extraían materia prima.

Fábrica centrada en el chocolate y productos ultramarinos, fue fundada en Madrid en 1854 por Jaime Méric Saisset (1800-1888). Estuvo situada primero en el paseo del Prado, en el solar donde actualmente se encuentra el hotel Ritz. Seis años después se decidió a construir una nueva fábrica en el municipio de Pinto en

La empresa tuvo repercusión mundial, fue proveedora de varias casas reales y recibió distinciones, a finales del siglo XIX se optó por trasladar sus oficinas al nuevo edificio. La Compañía Colonial fue disuelta en 1941. Luego fue la Compañía

Eureka, que llegó a Pinto en 1965, quien continuó con la tradición centenaria de la industria chocolatera. Cuando la Compañía Colonial abandonó el inmueble fue conocido durante un tiempo como Edificio de Conrado Martín (perfumería). En la actualidad está ocupado por oficinas y despachos comerciales.

El edificio se levantó entre 1906 y 1909, obra de los arquitectos Miguel Mathet Coloma (1849-1909), y su hijo Jerónimo Pedro Mathet (1878-1936). Es uno de los pocos ejemplos de modernismo y *art déco* en Madrid en esa época.

En la fachada destaca su simetría y las dos torretas laterales. Hay que resaltar la rica decoración, basada en la creatividad de los detalles pintorescos en escultura, motivos exóticos, de hierro forjado o cerámicos. Varios paneles de azulejos dedicados a los productos que importaba la compañía —café, té y cacao—, obra de Daniel Zuloaga, decoran el último piso. En los laterales sobresalen los

miradores y así queda la fachada retranqueada. Entre las figuras alegóricas se encuentra el dios Mercurio, protector del comercio. Obtuvo el Premio de Arquitectura del Ayuntamiento en 1908.

En el interior se mantienen las vidrieras de la firma Mauméjean, y se conserva el ascensor y su rejería modernista. Casi un siglo después el edificio conserva su aspecto original.

29

LA CASA CORDERO
Mayor, 1 y Correo, 2

Esta construcción fue el primer bloque de viviendas moderno que hubo en Madrid.

Escudo de Alonso Santiago Cordero en una de las esquinas.

La Casa Cordero, Casa de Cordero o Casa del Maragato recibe ese nombre por su promotor y primer propietario: Santiago Alonso Cordero (1793-1865), maragato natural de Santiago Millas (León).

Santiago Cordero construyó la obra civil más representativa del Madrid de mediados del siglo XIX, con un estilo de fachadas ostentosas. Fue el primer gran bloque de viviendas que se construyó en la ciudad y estaba situado entre las calles Mayor, Esparteros y Correo y plaza de Pontejos. Los trabajos se realizaron entre 1842 y 1845 por Juan José Sánchez Pescador, arquitecto famoso por haber realizado trabajos arquitectónicas en diversos lugares de Madrid, en calidad de arquitecto municipal, en el siglo XIX.

La fachada principal que da a la calle Mayor se corresponde con las viviendas de lujo del resto del edificio, con una mayor decoración, como las pilastras clasicistas a la par de los gustos imperantes de la época.

El maragato hizo su gran fortuna a través del transporte de mercancías y diligencias, adquiriendo además gran popularidad a partir de su participación en la actividad política. Además, y como curiosidad, adquirió grandes simpatías por su forma de vestir, ya que en pleno siglo XIX solía ir con trajes maragatos, siendo citado en algunos párrafos en los *Episodios nacionales* de Galdós.

En 1841 Cordero adquirió la totalidad del solar del derribado convento de San Felipe el Real. Se llegó a decir que le había tocado la lotería de Navidad y que el estado le cedió los terrenos del futuro inmueble en compensación por el

premio agraciado, pues al parecer las arcas del Tesoro estaban vacías. Lo cierto, y según fuentes consultadas, hoy en día se descarta esa hipótesis.

Otra anécdota del maragato Cordero es que un buen día invitó a la reina Isabel II, con quien tenía gran amistad, a pasar unos días en su casa de Santiagomillas, pues aquella se dirigía a Galicia. Para que la mansión estuviera a su altura, le dijo que mandaría cubrir el suelo con monedas de oro, a lo que Isabel II respondió que eso era imposible, pues no podía pisar su propia cara. Tras meditar unos segundos, Alonso le respondió muy seguro: «No se preocupe, majestad, mandaré ponerlas de canto». Esta anécdota nos da una idea de la inmensa fortuna de nuestro singular personaje.

Galdós en sus *Episodios nacionales* dirá del maragato «que ha comprado el solar de San Felipe, inmenso ejido polvoroso, para construir en él una casa que allá se irá con El Escorial en grandeza y será la octava maravilla de la corte».

Un dato interesante a tener en cuenta es que cuando se reconstruyó la Puerta del Sol, entre 1852 y 1862, se unificó el conjunto de las edificaciones de la plaza, tomando como modelo las Casas de Cordero.

El primer negoció que se instaló en sus bajos fue una casa de baños, una de las más lujosas del Madrid de entonces, en el que no había agua en las viviendas. Se inauguró en mayo de 1847 y cerró sus puertas en 1858. La Vizcaína fue también de los primeros negocios que se abrieron en el edificio. Fue la casa de huéspedes más elegante de Madrid a mediados del siglo XIX y su nombre se debió a la procedencia vizcaína de la dueña: Ramona Berdorrain. En La Vizcaína se alojó en 1865 Hans Christian Andersen en su viaje por España, escritor y poeta danés famoso por sus cuentos para niños, entre ellos, *El patito feo* o *La sirenita*. Así lo recuerda una placa del Ayuntamiento en la fachada.

Otro de los primeros negocios establecido en las Casas de Cordero en su planta baja fue el Café Nuevo de Pombo, que posteriormente se trasladaría a la calle de Carretas con el nombre de Café y Botillería de Pombo, con su famosa tertulia de Ramón Gómez de la Serna. Luego en el mismo local se inauguró el Café del Comercio, que en 1875 se vende y pasa a abrirse con el título

Placas del Plan Memoria del Ayuntamiento de Madrid en la fachada.

de Café de Lisboa. Tras pasar por sucesivos dueños, el Café de Lisboa se reinauguraría en 1910 con una nueva dirección, ya la definitiva hasta su cierre a mediados del siglo xx. Como curiosidad, tenía otra puerta de acceso por el portal para la clientela compuesta por mujeres. Alrededor del año 1918 una famosa tertulia fue la presidida por el escritor y dramaturgo Jacinto Benavente. Ya a mediados de la década de los años cuarenta del siglo pasado el Café de Lisboa fue lugar de cita de escritores como Antonio Buero Vallejo. En este edificio se instala en 1887 la primera sede de una central telefónica comercial de Madrid, para lo cual se construyó una estructura metálica en su cubierta, el llamado Kiosco del Teléfono, que se mantuvo hasta 1926.

30

CASA COMERCIAL PALAZUELO
Mayor, 4

Vista general de la Casa Palazuelo.

Espectacular interior de este edificio, obra de Antonio Palacios.

Se proyectó y realizó entre 1919 y 1921 por Antonio Palacios Ramilo (1874-1945), famoso por sus numerosos proyectos en Madrid y uno de los arquitectos más representativos en la transformación de la ciudad a la modernidad. Fue seguidor desde sus comienzos de la Escuela de Chicago a finales del siglo XIX y comienzos del XX, pionera en la introducción de nuevos materiales y técnicas para la construcción de grandes construcciones.

El promotor del edificio fue el empresario y emprendedor vallisoletano Demetrio Palazuelo Maroto (1851-1934), industrial y emprendedor del siglo XIX.

El inmueble tiene también entrada por la calle Arenal, número 3, dando mayor importancia a la fachada de la calle Mayor. Se trata de un edificio modernista muy al estilo *art déco* concebido exclusivamente para uso comercial, tiendas y oficinas, iniciativa pionera en la capital. El exterior mantiene gran protagonismo y elegancia, pero sin destacar sobre el resto de inmuebles del entorno, que es lo que se pretendía. En general, predomina un cierto aire clasicista paralelo a los gustos modernos de la época de romper con lo tradicional, utilizando nuevos materiales —hierro y vidrio— y nuevas creaciones arquitectónicas. El edificio está definido por tres

cuerpos, destacando el central, con balcón corrido y grupos de columnas pareadas y adosadas de orden gigante con capiteles modernos y entre las que abren unos amplios ventanales. En ambos laterales destacan unas grandes

Detalles del interior.

pilastras. El ático está rematado con dos torretas que aportan simetría.

El interior está considerado una joya arquitectónica única en la ciudad. Antonio Palacios lo creó en torno a un patio central, con escaleras cóncavas y convexas —curvatura para afuera y hacia dentro— a los lados que dan acceso a los diferentes espacios comerciales a lo largo de cinco plantas. Llama la atención el suelo de mármol y la vidriera original conservada que proporciona gran cantidad de luz. Dos ascensores clásicos de época y la cerámica añaden atractivo al edificio.

En la actualidad el edificio mantiene las mismas funciones —comerciales y despachos— para las que fue construido. En definitiva, creatividad y belleza en todo el conjunto, no exento de funcionalidad. Fue reformado en 1996 por el arquitecto y urbanista Pablo Díaz Baruque. En 1997 la Casa Comercial Palazuelo fue nombrada Bien de Interés Cultural en la categoría de Monumento.

El edificio fue construido sobre el solar del palacio de los Condes de Oñate y Villamediana, construido en 1670 y derribado en 1916. Era destacable su magnífica portada barroca de Pedro de Ribera. Al derribarse el palacio, la portada, luego de conservarse unos años en los almacenes del Ayuntamiento, desapareció con la Guerra Civil.

Antes de existir la Real Casa de Correos (1768) de la Puerta del Sol, hoy sede de la Presidencia de la Comunidad de Madrid, la correspondencia era depositada en el palacio de Oñate, por tener el cargo de correo mayor de Castilla

Juan de Tassis y Acuña, primer conde de Villamediana —el primer buzón de la capital—. Junto al palacio fue asesinado el día 21 de agosto de 1622 el poeta y primogénito Juan de Tassis y Peralta, II conde de Villamediana. Una placa del Ayuntamiento lo recuerda, justo en el lugar del suceso, esquina a la calle Coloreros.

31 CASA DE RUIZ DE VELASCO
Mayor, 5

La recargada fachada del inmueble con vistas a la calle Mayor.

Detalle del balcón y elementos decorativos.

Símbolo que representa al dios Mercurio.

La Casa de Ruiz de Velasco, situada en calle Mayor, con fachada también a la calle Postas, fue diseñada para ser un edificio de viviendas de lujo y un local comercial para la tienda de tejidos de los propietarios, los hermanos Bonifacio y Pablo Ruiz de Velasco, dos empresarios textiles. Fue construida entre 1904 y 1906 por los arquitectos y urbanistas José López Salaberry (1858-1927) y Francisco Andrés Octavio (1846-1912). Ambos arquitectos realizaron juntos la mayor parte de sus obras para el Ayuntamiento de Madrid.

Salaberry manifestó en su trayectoria profesional un talante ecléctico. Aunque los autores no son modernistas, sí siguen esta tendencia. La fachada principal se configura a partir de la orientación vertical ubicada en los extremos, con grandes miradores, quedando unidos horizontalmente mediante un balcón corrido en la parte inferior del cuerpo central retranqueado. En lo relativo a la ornamentación, se observa y llama la atención la profusión decorativa, motivos y adornos florales, guirnaldas, tallos entrelazados... Vemos que se acentúa el uso de la línea curva, las formas son más estilizadas, propias del estilo moderno que recorre todos los elementos constructivos, como ménsulas, balcones, miradores, pináculos o columnillas. El símbolo situado sobre el portal representa al dios Mercurio. En el interior cabe destacar la decoración del vestíbulo, el zócalo, el friso y las molduras.

32 CASAS DEL CORDÓN
Plaza del Cordón, 1

El inmueble ocupa todo uno de los extremos de la Plaza del Cordón.

Las Casas del Cordón se encuentran en el barrio de los Austrias, en la plaza del mismo nombre.

El origen del nombre es por un grueso cordón franciscano labrado en piedra que tenía la portada principal del ya desaparecido palacio del Cordón o de Puñonrostro que estaba situado en los números 2 y 3 actuales, justo enfrente. Por lo tanto, no hay que confundir el palacio original, ya desaparecido, con la actual casa de viviendas particulares que se construyó un siglo más tarde

Entrada principal donde se puede ver el detalle de los cordones en los laterales.

y que preside la plaza, en el número 1, y donde también tiene esculpidos dos cordones en imitación, uno a cada lado de la entrada principal. El estilo arquitectónico del actual edificio es el típico palacio barroco madrileño con una perfecta simetría en toda la fachada, cuyo conjunto está centrado en torno a una sencilla portada adintelada a modo de alfiz que sirve de eje a todo el conjunto, y sobre el dintel, una gran balconada.

El Condado de Puñonrostro es un título nobiliario español de carácter hereditario concedido por Juana I de Castilla el 24 de abril de 1523 a Juan Arias Dávila, IV señor de Puñonrostro.

33 TORRE Y CASA DE LOS LUJANES
Plaza de la Villa 2 y 3

Este edificio es la construcción civil más antigua de Madrid.

Entrada a la Real Sociedad Matritense de Amigos del País.

Situado en el barrio de los Austrias y en la histórica plaza de la Villa, este conjunto arquitectónico formado por una magnífica torre y un caserón señorial de estilo gótico-mudéjar es el edificio civil más antiguo de Madrid. Construida en la segunda mitad del siglo xv —es decir, tiene más de quinientos años de historia—, es una de las casas-palacio mejor conservadas. Fue residencia primero del noble caballero Gonzalo García de Ocaña, contador mayor del reino, hasta que en 1450 fue comprada por Pedro de Luján (1425-1471), camarero del rey Juan II e hijo de Miguel Jiménez de Luján. También fue residencia de la familia de los Lujanes, un linaje poderoso procedente de la aldea aragonesa de Luján, llamados también de San Salvador, por la plaza e iglesia de igual nombre —hay que recordar que la plaza de la Villa antes fue plaza de San Salvador, nombre que tomó de la iglesia homónima que estaba ubicada en este lugar, entre la calle Mayor y calle de los Señores de Luzón—. Tras la muerte de Pedro de Luján sus dos hijos dividieron la casa solariega, dándole dos entradas independientes: la casa-torre de Pedro de Luján, en el número 2, y la casa de Álvaro de Luján, en el número 3.

Dado que era uno de los edificios civiles más altos de la

capital, a principios del siglo XIX se escogió la torre para situar una estación del telégrafo óptico de la línea Madrid-Aranjuez.

Arquitectura
1) La casa-palacio, fue mandada construir por Pedro de Luján. Cuenta con dos espacios y elementos

Placa conmemorativa.

basamento en mampostería y el resto es de aparejo mixto de piedra y ladrillo, como el resto del edificio. La torre está rematada por una torreta con cubierta a cuatro aguas y cinco arquillos ciegos de herradura en la parte superior, que se repite en sus cuatro lados. Fue construida en 1471 y veintitrés años después se llevo a cabo la construcción de la casa anexa.

Por la calle del Codo está la soberbia portada, con un arco de herradura con grandes dovelas de piedra de forma irregular. El arco de herradura es apuntado o gótico original, denominado *arco tumido*, único en Madrid y que da acceso a la Real Sociedad Económica Matritense de Amigos del País.

principales: una vivienda de planta irregular que se distribuye interiormente en un gran patio central con triple fachada. La portada principal pertenece a un estilo gótico tardío, fue realizada con grandes piedras enmarcadas en un alfiz que la hace sobresalir de la fachada construida en ladrillo y aparejo toledano, mostrando el escudo nobiliario de la casa de los Luján.

La torre, de planta cuadrada, presenta en la actualidad dos cuerpos superpuestos. El primero tiene un

En la torre, y según la leyenda, el rey Francisco I de Francia estuvo preso en ella tras ser capturado en la batalla de Pavía del año 152, pero no existen testimonios documentales que lo demuestren, aunque otras versiones afirman que sencillamente estuvo alojado y al parecer no acaba de ser fiable del todo.

2) Y junto a ella se encuentra la otra vivienda, diseñada en torno a un patio interior cuadrado. Su fachada destaca por el arco de herradura que sirve de entrada. Su distribución interior ha sufrido importantes cambios, pero aún conserva elementos arquitectónicos significativos, como:

— La magnífica **balaustrada de la escalera**, que perteneció al antiguo Hospital de la Latina, obra gótica en piedra construida por el moro Hazán. También estuvieron en este edificio los sepulcros platerescos de Beatriz Galindo, la Latina, y su esposo, Francisco Ramírez, el Artillero, que llegaron aquí trasladados desde el convento de la Concepción Jerónima. En la actualidad se encuentran en el Museo de San Isidro.

— La **biblioteca** original, construida en madera con escaleras de caracol en las esquinas.

— Y el **artesonado** pintado de su techo.

Entrada a la Real Academia de Ciencias Morales y Políticas.

Desde 1866 está ubicada la sede de la Real Academia de Ciencias Morales y Políticas, pero hay que indicar que a día de hoy comparte espacio con la anterior vivienda exceptuando la torre. Inicialmente, también estuvo la Real Academia de

Monumento a Álvaro de Bazán ubicado en el centro de la plaza.

Ciencias Exactas, Físicas y Naturales (hoy día en la calle Valverde).

María de la Peña de Francia Casimira Luján, IV condesa de Castroponce, falleció sin herederos en 1814 y fue la última inquilina de la familia. Tras un contencioso judicial sus propiedades pasaron a manos de Diego Isidro de Guzmán y de la Cerda, XV conde de Oñate, que decide convertir la torre en casa de vecinos. En el siglo XIX la casa pasó por diferentes ocupantes mientras estuvo destinada a viviendas; por ejemplo, aquí nació el futuro famoso compositor Federico Chueca el 5 de mayo de 1846.

Hay que señalar que en 1854 el Ayuntamiento aprobó un plan de alineación de la plaza de la Villa para que pudieran pasar los carruajes, pero dicho plan afectaba directamente a la torre, por lo que su actual dueño, el conde de Oñate, pensó que era mejor derribarla. Afortunadamente, el marqués de la Vega de Armijo, Antonio de Aguilar y Correa (1824-1908), consiguió un permiso de la reina que prohibía cualquier obra que la afectara, instando a las instituciones a que se quedaran con ella. De esa forma, el Estado compró los dos edificios y la fachada de la torre reformada y tras una intensa remodelación que empezó en 1858 se convirtió en la sede de las tres importantes instituciones mencionadas: la Real Academia de Ciencias Exactas, Físicas y Naturales, la Real Academia de Ciencias Morales y Políticas y la Sociedad Económica Matritense de Amigos del País. Así, la Academia pasó a ocupar los tres inmuebles de los Luján, excepto la planta baja de la torre, ocupada por la Sociedad Económica Matritense de Amigos del País —hoy día ocupa todo el espacio de la torre—. Al ser cedida la casa de Álvaro de Luján a la Real Academia de Ciencias Morales y Políticas en 1996, se volvieron a unir los dos edificios.

Reformas

1460 y 1494. Entre estas fechas Pedro de Luján fue quien hizo la remodelación y él fue quien mandó construir la casa y la torre como la vemos en la actualidad.

Otra de las entradas a la academia. Podemos observar el arco de herradura apuntado (arco túmido).

Posteriormente, el conjunto fue reconstruido por sus herederos.

1858-1899. Entre 1858 y 1866 comenzó una nueva restauración y reforma para acondicionamiento de los nuevos usos. En 1879 la casa-torre fue restaurada por el albacetense Francisco Jareño y Alarcón (1818-1892) para corregir sus grandes problemas estructurales. En esta primera intervención se respetó su portada principal y el arco de herradura de

101

ingreso a la torre en la calle del Codo, pero se cambió su distribución interior y, sobre todo, su aspecto exterior, adquiriendo la apariencia de una casa gótica-mudéjar que anteriormente no tenía. En 1899 se encargó una nueva remodelación a Enrique Repullés y Segarra (1848-1918) que alteró significativamente el aspecto original del inmueble.

1910-1912. Entre estos años las fachadas fueron restauradas de nuevo por el arquitecto municipal Luis Bellido González (1869-1955), restituyéndose el aparejo original y rescatando parte de la estructura primitiva. Por las mismas fechas el mismo arquitecto también restauró la vecina casa-palacio de Cisneros, emblemático edificio plateresco del siglo XVI.

1991. Este año se acometieron las últimas remodelaciones, por obra de los arquitectos Juan L. Berlanga Arrieta, Agustín Gabriel López y Antonio Galán Font. El arquitecto madrileño Fernando Chueca Goitia (1911-2004), considerado un referente en la arquitectura española del siglo XX, también trabajó en estas fechas en el proyecto para adecuar el conjunto arquitectónico a los nuevos usos.

Instituciones
Real Academia de Ciencias Morales y Políticas (viviendas 2 y 3). Esta academia nació por un real decreto firmado por la reina Isabel II el 30 de septiembre de 1857 y es hoy una institución plural. Forma parte de las diez reales academias del Instituto de España y su alto patronazgo lo ostenta el rey de España.

Real Sociedad Económica de Amigos del País de Madrid (la torre). Institución filantrópica de la Ilustración creada por el rey de España Carlos III en 1775 en Madrid. Desde 1866 la sede está en la torre de los Lujanes y en sus más de cinco siglos de historia vio pasar a musulmanes, cristianos y judíos. En la actualidad desarrolla en cada curso una intensa actividad cultural, que incluye, entre otros, conferencias, conciertos, visitas guiadas o cursos y talleres de lectura y escritura.

Varias de las placas que se pueden ver en la fachada del conjunto.

La institución posee una biblioteca con más de ocho mil volúmenes donde se pueden encontrar incunables, archivos únicos y una de las mejores colecciones sobre economía existentes en España. Además, en la sede se puede disfrutar de excelentes obras de arte, ya que cuentan con catorce cuadros del Museo del Prado en depósito.

En cuanto a su filosofía, desde su fundación la institución ha sido fiel al lema bajo el cual nació: «Socorre enseñando». De esta manera, alimenta día a día el espíritu de la Ilustración como herramienta de desarrollo en beneficio de todos, convencida de que el acceso a la cultura es el único camino para alcanzar la libertad.

34 CASA DE DOMINGO TRESPALACIOS
Cruzada 4

Vista general del edificio.

Escudo de armas que se puede admirar en la fachada.

Todo el inmueble está recorrido por un zócalo de piedra que debido al desnivel del lugar resulta más alto por la calle de Santiago. El edificio tiene la entrada principal por la calle de la Cruzada con una portada adintelada barroca a modo de alfiz, de granito, limitada en las jambas por dos pilastras decoradas con guirnaldas. Sobre el dintel apoya el balcón principal con rejería. Según el Colegio de Arquitectos, «esta casa es una de las mejores muestras de la arquitectura madrileña del siglo XVIII». Las primeras casas en el solar datan del siglo XVI, y en esta época fueron ocupadas por Pedro Osorio de Guzmán, hijo de los primeros condes de Olivares, por lo que pasaron a ser conocidas como Casas de los Guzmanes. En ellas habitó por algún tiempo su descendiente, el conde-duque de Olivares, Gaspar de Guzmán y Pimentel (1627-1635), valido del rey Felipe IV.

En 1767 las casas eran propiedad de Fernando de Silva y Álvarez de Toledo (1714-1776), XII duque de Alba, quien se las vendió al año siguiente al político y caballero de la Orden de Santiago Domingo Trespalacios y Escandón (1706-1777), oriundo de Alles (Asturias), y él fue quien en 1768, después de una ampliación de terreno, hizo una nueva reconstrucción, obra del arquitecto Andrés Díaz Carnicero, con algún arreglo posterior.

La casa-palacio fue residencia de la familia Trespalacios hasta 1829. Posteriormente fue habitada por la familia de los marqueses de Revilla.

También vivió el poeta y político vallisoletano Gaspar Núñez de Arce (1832-1903). Se rehabilitó entre 1939 y 1940, obra del arquitecto José Antonio Fraile Ruiz de Quevedo, transformándose el palacio en un edificio de viviendas y oficinas, tal y como lo vemos en la actualidad. En 1934 estuvo ubicado en la planta baja de la fachada de la calle de la Cruzada, número 4, el Colegio Oficial de Arquitectos hasta 1941.

35 CASA DE RICARDO AUGUSTÍN
Plaza de Ramales, 1

Vista general
del edificio desde
la Plaza de Ramales.

Virgen rinconera.

Nos encontramos un espacio urbano creado entre 1810 y 1811. Durante el reinado de José Bonaparte, tras los derribos de comienzos del siglo XIX. La plaza es pintoresca y esconde muchos secretos, pero sólo nos fijamos en sus edificios.

En la plaza hay dos residencias palaciegas

que la flanquean. La de mayor antigüedad es la casa-palacio de Domingo Trespalacios. Por su parte, la casa-palacio de Ricardo Augustín es el edificio que más destaca, de importancia arquitectónica. Fue construido entre 1920 y 1922 por el arquitecto Cayo Redón y Tapiz en un curioso estilo neoplateresco. Recibe el nombre de su propietario y es el resultado de una notable restructuración y ampliación realizada sobre un edificio de viviendas que ya existía a principios del siglo xx, elevándolo en dos nuevas plantas y dotándolo de un espectacular torreón que llama la atención al alzar la mirada. El resto del edificio fue profundamente reformado; destacan sus pinturas murales, que decoran los exteriores de las plantas más altas, y la decoración exterior en balcones, ventanas y ménsulas.

Como dije al principio, la plaza esconde varios secretos. Uno de ellos es la única Virgen *rinconera*, conocida popularmente como la Dolorosa, que queda en todo Madrid. Muy habituales durante siglos en las ciudades españolas durante el siglo xix y xx, fueron despareciendo de la capital. Salvo esta, que se encuentra en una esquina del palacio de Ricardo Augustín, en la confluencia de la calle Vergara. En la antigüedad este tipo de imágenes eran colocadas en las esquinas de las casas por devoción.

36 EDIFICIO *ART DECÓ*
Señores de Luzón, 9

A espaldas de la calle Mayor aguarda este original edificio en estilo art decó.

Los miradores de forja y los remates del inmueble dan al conjunto una gran personalidad.

Espectacular y curioso edificio del modernismo madrileño en la calle Señores de Luzón, número 9. La original fachada sobresale y llama la atención por la monumentalidad de las pilastras laterales de orden gigante y el exquisito gusto y tratamiento de los curvos miradores. También destacan los esgrafiados en los remates finales en forma de torretas de la última planta.

Los autores de la obra fueron los arquitectos de inspiración modernista, el catalán Eduard Ferrés y Puig (1880-1928) y el madrileño Manuel Álvarez Naya (1873-19??).

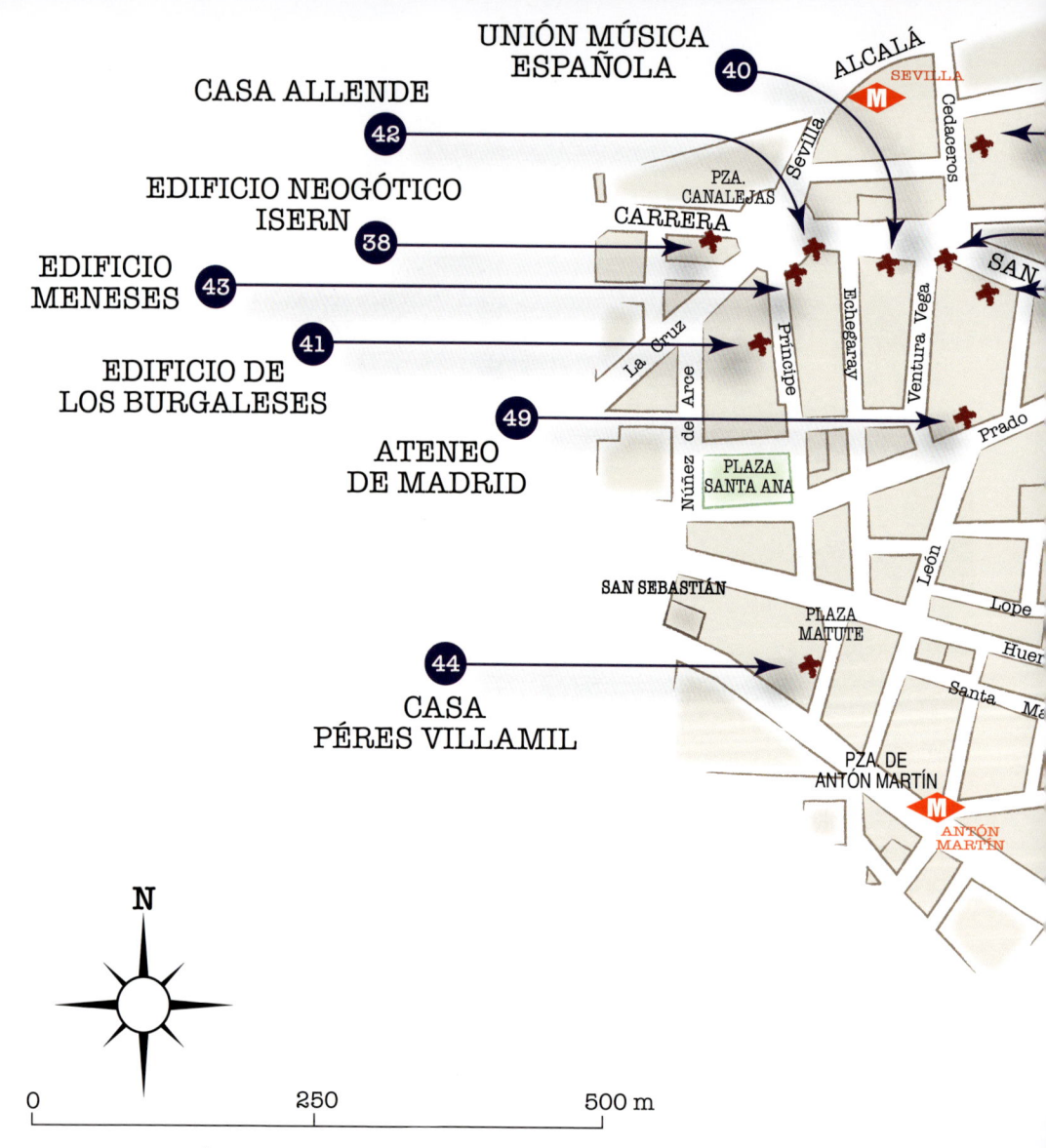

37 LA CASA DE RIVAS (LA CASA DE LA LUJURIA)
Carrera de San Jerónimo, 36

Vista general del edificio con pilastras corintias acanaladas en las dos primeras plantas y cariátides en el tercer piso.

Detalle de las cariátides en los pisos superiores.

Junto al hotel Urban se encuentra la Casa de Rivas en parte del antiguo solar del convento de la Concepción de monjas bernardas cistercienses, más conocido por las monjas de Pinto, derribado en 1836 y en otras parcelas particulares. Fue el político, empresario, comerciante vasco, miembro de la ascendente burguesía financiera Francisco José de las Rivas y Ubieta (1808-1882), primer marqués de Mudela, quien encargó la obra para su nueva residencia en 1846 al arquitecto José María Guallart, según proyecto de José Alejandro y Álvarez (1813-1850). Este último arquitecto, de formación neoclásica, tuvo a su cargo la construcción del Teatro Real de Madrid y llegó a ser uno de los más representativos de la arquitectura isabelina en Madrid.

El estilo del edificio, que es simétrico, de tres plantas, recuerda al clasicismo italianizante, como en el almohadillado de las plantas bajas y las pilastras corintias, en este caso, acanaladas, enmarcando los ventanales de las plantas principal y segunda. Se introdujeron algunos cambios en el proyecto original, por ejemplo, la disposición de cariátides —figura femenina esculpida— de torso desnudo entre las ventanas del cuerpo superior, por lo que desde entonces se conoció popularmente el edificio como Casa de la Lujuria.

En el año 1952 los herederos vendieron el inmueble al Banco de Crédito Industrial, quien hizo una

nueva reforma, añadiendo una nueva planta y ático. En 1998 el edificio fue adquirido para ampliación del Congreso de los Diputados, que es como sigue en la actualidad.

38 EDIFICIO NEOGÓTICO ISERN
Carrera de San Jerónimo, 18

Vista general del edificio.

Como se puede observar el trabajo artesanal de la forja es diferente en cada planta.

Pequeña joya del neogótico tardío del patrimonio artístico madrileño. Las viviendas conocidas como Casa de Isern, fueron realizadas en 1865 por el arquitecto y político Francisco de Cubas y González-

Montes (1827-1899), que fue marqués de Cubas. Se trata del ejemplo más temprano del neogótico en la arquitectura madrileña y uno de los pocos edificios civiles en este estilo de la capital, o quizás el único. El edificio consta de cinco plantas —una entreplanta con ventanales y cuatro plantas con balcones—. Destacan en las dos primeras plantas la tracería gótica y los arcos conopiales, tipo de arcos apuntados que se daban en el gótico tardío o flamígero. Asimismo, sorprende el excelente trabajo artesanal en la rejería artística de los balcones, que, como detalle curioso, tienen un diseño en cada planta y sobre todo en las dos primeras plantas (ver fotos).

En las dos primeras plantas se instaló la famosa sastrería Isern, el Gran Bazar de Tomás Isern. Con el tiempo se añadió un piso y sufrió otras remodelaciones en su estructura y su fachada de la calle trasera del Pozo fue totalmente renovada. En la actualidad el inmueble está ocupado por oficinas.

EDIFICIO PLUS ULTRA
Plaza de las Cortes, 8

Vista del inmueble con vistas a la Plaza de las Cortes con vuelta a Medinaceli.

Detalle del portal.

Fue construido por el segundo marqués de Amboage, Fernando Plá Peñalver, entre 1911 y 1913. Ocupa parte del solar del antiguo palacio de los Duques de Medinaceli. Fue proyectado por el arquitecto Joaquín Rojí López-Calvo (1878-1932), de tendencia ecléctica. Fue también el autor para la misma familia

116

del palacio de Amboage, sede de la Embajada de Italia desde 1939.

A partir de los años cuarenta el edificio pasó a ser propiedad de Plus Ultra Seguros. La aseguradora en la actualidad pertenece al Grupo Catalana Occidente. Su rehabilitación en 1983 corrió a cargo del arquitecto Emilio Chinarro Mata (1930-2004).

Destaca su fachada monumental de estilo francés, con balcones de hierro forjado y las cuatro torres cubiertas de pizarra. En el interior resalta una escalera imperial en mármol y las vidrieras de la Casa Mauméjean. Obtuvo el Premio de Arquitectura del Ayuntamiento al edificio mejor construido de Madrid en 1915.

Carillón del edificio Plus Ultra. Cada día, a horas puntuales, se produce un momento musical, frente al Congreso de los Diputados. Se trata del reloj carillón en el balcón del primer piso. Está compuesto por dieciocho campanas y cinco figuras de época goyesca y cuya música varía según los horarios. Los personajes

son: Francisco de Goya, el rey Carlos III, la duquesa de Alba, el torero Pedro Romero y la chulapa madrileña Manola. Las figuras fueron diseñadas por Antonio Mingote. Fue construido en la Real Fábrica de Eijsbouts, de Holanda. La aseguradora quiso así rendir en 1992 un homenaje a Madrid. El reloj suena cuatro veces al día: a las doce, a las tres, a las seis y a las ocho.

40 LA UNIÓN MUSICAL ESPAÑOLA
Carrera de San Jerónimo, 26

El edificio, ubicado en la carrera de San Jerónimo, es de estilo ecléctico.

Detalle del balcón principal con un frontón de aires clásico.

Histórico edificio de la Unión Musical Española, cuyo establecimiento estaba en los bajos del edificio y en los pisos superiores el desaparecido hotel Santander. En la actualidad el hotel ha sido rebautizado con el curioso nombre de Casual del Teatro Madrid.

La Unión Musical Española ha cambiado de ubicación; en la calle Cedaceros, número 9.

La Unión Musical Española, empresa de venta de instrumentos y editorial de partituras de finales del siglo XIX, nació en Bilbao como Editorial Musical Bilbaína. Su fundador fue Louis Ernest Dotesio (1855-1915). Fue el germen de la ulterior Unión Musical Española, que contó con una de las colecciones de música escrita más importante de los siglos XIX y XX y fue toda una referencia en el mundo editorial de la música.

El edificio es de estilo ecléctico con influencias clasicistas. Fue construido entre 1918 y 1925 por el arquitecto granadino Antonio Rubio Marín (1884-1980). Como curiosidad, mantiene óleos en su fachada a la calle Echegaray que aportan originalidad al conjunto; fueron realizados en 1920 por el decorador y arquitecto racionalista Luis Gutiérrez Soto (1900-1977). Las pinturas fueron restauradas en el año 2000 por Luis Maldonado Ramos (1957-

2017), catedrático de Arquitectura. Las habitaciones del nuevo hotel están decoradas con motivos de musicales y obras de teatro.

En sus bajos, abrió sus puertas el restaurante de la cadena La Rollerie en el año 2017, conservando todo el encanto de un edificio histórico y parte de su original decoración.

119

41 EDIFICIO LOS BURGALESES
Príncipe, 8

En la tercera planta se pueden apreciar en los laterales los escudos de cerámica de Burgos y del Madrid antiguo.

Detalles de los elaborados capiteles.

L lama la atención al levantar la mirada un singular, curioso y estrecho edificio que destaca del resto de los inmuebles de la vía. Se trata de una joya arquitectónica de principios del siglo pasado y que es lo más parecido a un palacete. El inmueble, muy bien conservado a pesar del tiempo transcurrido, mantiene

toda su belleza y en la entrada
en el portal sobresalen columnas
adosadas con capiteles y figuras
mitológicas. Curiosamente, y además,
tiene una portada de entrada de
fachada galdosiana. Tiene cuatro
plantas, con miradores en sus dos
primeros pisos, decoración vegetal y
grandes ventanales. Los dos últimos
pisos, que son lo más parecido a un
dúplex, destacan por su arquitectura
clásica: dos grandes arcos de medio
punto y columnas dóricas adosadas
en los dinteles de los vanos.

Hace ya algunos años en el local
junto al portal había una peletería y
me comentó la dueña amablemente

que antiguamente, hasta la Guerra
Civil, el local fue el restaurante Los
Burgaleses y que, según los antiguos
chismorreos, el edificio lo frecuentaba
Alfonso XIII (1886-1941) para sus
tertulias y festejos particulares.

En la tercera planta en los
laterales están gravados en
cerámica los escudos de Burgos
y del Madrid antiguo.

El alarife autor de la obra, de
estilo ecléctico y regionalista,
fue José Antonio Agreda en
1917, uno de los arquitectos que
embellecieron nuestra ciudad en
la década de los años veinte.

42 LA CASA DE ALLENDE
Plaza de Canalejas, 3

La fachada de este edificio es una de las más complejas de Madrid.

Detalle decorativo de la fachada.

Espectacular mirador de madera que recuerda a la arquitectura regionalista cántabra.

Toma el nombre del promotor bilbaíno Tomás de Allende y Alonso (1848-1935), quien encomienda la obra como espacio residencial y comercial a Leonardo Rucabado Gómez (1875-1918). El empresario no escatimó en gastos y permitió que Rucabado proyectara todas sus investigaciones en dicha vivienda.

El ingeniero y arquitecto cántabro, figura clave del movimiento regionalista e historicista del siglo XIX, hace una propuesta al estilo regional montañés, del que fue su máximo representante. Justo al lado, el edificio de la Casa Meneses, que se construyó entre 1914 y 1915, con fachada al número 4 de la plaza de Canalejas, se levanta sobre una parcela compartida con la Casa de Allende, situada a su izquierda. Por lo que el arquitecto lo primero que hizo es tenerlo en cuenta para no desentonar con su nueva construcción y armonizar el conjunto.

Leonardo Rucabado muere prematuramente en el año 1918,

antes de ver acabada esta obra, víctima de la gripe, y continuaron el trabajo bajo el mismo proyecto los arquitectos Ramiro Saiz Martínez y Pedro Cabello Maíz. La obra se realizó entre 1916 y 1920. El edificio exteriormente sólo tiene un calificativo que lo define: espectacular. Una obra maestra en riqueza arquitectónica,

Vista ampliada del torreón, elemento más notable del edificio

de influencia española, en el presente caso, la santanderina, pero adaptado a un edificio moderno.

Uno de los detalles más notables es la fachada retranqueada que mira a la Carrera de San Jerónimo, inspirada en la típica solana cántabra, con un excelente trabajo de ebanistería en madera de caoba y donde grupos de columnas exentas pareadas decoran el mirador. Y justo debajo, otros dos grupos de columnas dóricas, exentas y acanaladas en espiral, decoran una balconada. Así mismo, en esta parte del edificio destaca la decoración en la fachada de conchas o veneras, al estilo de la Casa de las Conchas de Salamanca, de finales del siglo XV. Esta decoración de conchas se extiende también al torreón.

Otros detalles son la elaborada rejería de los balcones y barandillas de Francisco Torras, los grandes ventanales vidriados de la Casa Mauméjean y la profusa decoración de ladrillo visto y piedra caliza. Asimismo, es destacable la abigarrada ornamentación

ornamental y escultórica, única y diferente en Madrid. Un ejemplo de eclecticismo donde se pueden observar detalles pertenecientes a distintos estilos: plateresco, clasicista, renacentista, barroco, modernista…, pero especialmente ecléctica que realza la majestuosidad del edificio, como cabezas de leones, escudos, guirnaldas, motivos florales y muchos otros elementos característicos. Otro ingrediente llamativo del edificio es el magnífico torreón con chapitel que culmina la esquina, tan característico de la arquitectura madrileña de los Austrias, adornado por arcos clásicos de medio punto a su alrededor y cerámicas del taller del famoso ceramista Daniel Zuloaga Boneta (1852-1921). En el muro del torreón hay varios medallones o mascarones, entre los que se reconoce a dos personajes históricos: la Dama de Elche y Francisco Pizarro. Y en su parte baja se pueden ver adosados a la pared a dos heraldos vestidos con tabardos con emblemas heráldicos.

A la Casa de Allende se la conoció durante mucho tiempo como edificio Crédit Lyonnais, debido a que en su planta baja estuvo instalada dicha entidad financiera. Entre mayo y junio de 2021 Casa Decor celebró una nueva edición. En la actualidad el emblemático edificio en su conjunto va a ganar notoriedad por la modernización que está experimentando la zona, al rehabilitar la manzana que ya conocemos como Centro Canalejas.

43 EDIFICIO MENESES
Plaza de Canalejas, 4

Vista general.

Uno de los diferentes bustos que engalanan la fachada.

Se levanta sobre una parcela compartida con la Casa de Allende, situada a su izquierda.

En 1914 la viuda del financiero Meneses encargó al arquitecto José María Mendoza Ussía (1886-1943), sobrino también del famoso arquitecto marqués de Cubas y Fontalva, y a José de Aragón Pradera el diseño de este edificio, destinado a uso comercial exceptuando el ático, reservado para viviendas. Fue construido entre 1914 y 1915. A José María Mendoza este proyecto le marcaría en su carrera profesional.

El edificio Meneses es un ejemplo claro de arquitectura ecléctica y monumental. A pesar del poco espacio del solar, los arquitectos lograron darle al inmueble un aire monumental, con una perspectiva de mayor verticalidad, mediante largas columnas adosadas en la fachada, una balaustrada en el piso superior y un templete circular sostenido por un tambor rodeado de columnas pequeñas y coronado por una cúpula.

Plata Meneses es el nombre de la histórica empresa de orfebres y plateros de importante tradición familiar que tiene su origen en el año 1840. En la actualidad la empresa se denomina Meneses SL, ampliando su fabricación a la joyería, cristal, marroquinería y restauraciones religiosas.

CASA PÉREZ VILLAAMIL
Plaza de Matute, 12

Ubicado en el barrio de las Letras, estamos ante uno de los más bellos ejemplos de modernismo en Madrid.

Puerta de acceso magníficamente decorada.

Tesoro de la arquitectura madrileña, ejemplo del modernismo en Madrid.

Siempre ha estado destinado a viviendas. Su construcción se debió al capricho del ingeniero Enrique Pérez Villaamil, quien se reservó la última planta, y el ático, para su residencia privada.

El arquitecto fue Eduardo Reynals y Toledo, que levantó el edificio entre 1906 y 1908 junto con el arquitecto barcelonés José Grases Riera, autor del palacio de Longoria. El diseño está influido por el modernismo belga, del arquitecto Victor Horta.

Trabajaron los artesanos más famosos de la época: el escultor Salvador Llongarríu y el herrero José García Nieto, y el ebanista Antonio Maldonado.

En el exterior la fachada asimétrica y ornamentación de motivos vegetales ya da muestras de su estilo. La parte de la izquierda es una línea vertical donde sobresalen elegantes miradores y la parte derecha son balcones corridos con formas redondeadas, decorados con una vistosa rejería y adornos. Todo da una forma ondulada a la fachada. La puerta destaca por su enrejado. Es muy interesante el portal, que conserva su magnífica decoración modernista. Desaparecieron el ascensor original y el farol de la entrada.

Su colección de vidrieras se puede considerar la mejor de Madrid en lo que a edificios se refiere. Fueron fabricadas por la Casa Mauméjean. Destacar la escalera por las caprichosas formas que tiene su barandilla.

La casa es Bien de Interés Cultural (BIC) desde 2013.

45 CAIXAFORUM
Paseo del Prado, 36

En la fachada principal se puede observar el edificio original de la central eléctrica.

Este bello jardín vertical está compuesto por más de quince mil plantas.

Es una de las escasas muestras de arquitectura industrial del casco histórico de la ciudad: la antigua Central Eléctrica del Mediodía. La Central Eléctrica se construyó en el año 1900 promovida por el empresario José Batllé y es obra del arquitecto Jesús Carrasco-Muñoz (1869-1957) y del ingeniero José María Hernández. Realizada en ladrillo, presentaba detalles ornamentales típicos de la arquitectura neomudéjar madrileña de finales del siglo XIX.

El edificio de CaixaForum es gestionado por la Fundación «la Caixa» y se inauguró el 13 de febrero de 2008 por los entonces reyes, sus majestades Juan Carlos y Sofía. Desde sus inicios se ha posicionado como un referente por la divulgación del conocimiento, la cultura y la ciencia.

Podemos ver en la fachada todos los vanos de ladrillo cegados con arcos muy rebajados. Tras cuarenta años de funcionamiento la central fue desmantelada y abandonada. El proyecto de remodelación y adaptación a los nuevos usos se encargó al estudio de arquitectura suizo Herzog & De Meuron. Se conserva la estructura original de la antigua fábrica, pero se eliminó el zócalo de granito de la construcción original, y esto le da cierta peculiaridad al edificio, pues parece levitar sobre la plaza pública, donde estaba la gasolinera que se demolió.

El Jardín Vertical de CaixaForum que decora el paisaje urbano madrileño es el primer gran muro vegetal que se instaló en España y el de mayor superficie en el mundo. Ocupa la pared medianera de un edificio lateral y tiene una superficie de veinticuatro metros de altura, cubre un espacio de cuatrocientos sesenta metros cuadrados y más de quince mil plantas que se asientan sobre una superficie húmeda y adaptadas al clima madrileño.

Es obra del botánico y paisajista francés Patrick Blanc, quien lo diseño a partir de una técnica en que las plantas no necesitan tierra, sólo agua, minerales, luz y dióxido de carbono. El jardín se sustenta sobre varias estructuras de tuberías y anclan las raíces de las plantas al interior. Se recicla el 50 por ciento del agua después de que el resto sea absorbido por la flora y evaporado.

46 TEATRO REINA VICTORIA
Carrera de San Jerónimo, 24

Los mosaicos de cerámica son los grandes protagonistas de esta céntrica fachada.

Fue diseñado por José Espelius (1874-1928), arquitecto modernista con influencias del eclecticismo y de un estilo afrancesado. En el exterior son relevantes sus espectaculares vidrieras en sus ventanales y el colorido y decoración de los mosaicos de Talavera de la Reina de principios del siglo xx.

El teatro lleva el nombre en honor de la reina Victoria Eugenia de Battenberg, esposa de Alfonso III, quienes lo inauguraron el 10 de junio de 1916. En su primera etapa artística, el teatro se dedicó a representar piezas musicales hasta que se especializó en alta comedia.

El teatro, junto a sus icónicos vecinos, la Casa Allende y el edificio Meneses, se implican en un proyecto que convertirá tres inmuebles históricos en un sólo espacio, como hotel de cinco estrellas gran lujo y el teatro, para ofrecer al cliente «una experiencia cultural única». El grupo hotelero UMusic Hotels se ha aliado con la empresa Pescaderías Coruñesas, propietaria de los inmuebles, para gestionar este complejo hotelero.

Detalle de la colorida fachada.

El hotel, de cinco estrellas, llevará el nombre de UMusic Hotel Teatro Reina Victoria y su apertura está prevista para el año 2027.

133

47 VIVIENDAS MANUEL GARCÍA ARREGUI
Don Pedro, 4

Los miradores de forja dan una gran personalidad a este edificio de La Latina.

En esta fachada podemos encontrar un dragón.

En este edificio nació la actriz Lina Morgan.

Edificio situado en el barrio de la Latina, obra del arquitecto Arturo Pérez Merino (1887-1939), construido entre 1906 y 1907, de claras características modernistas. En la fachada, que es simétrica, sobresalen detalles con un

toque muy personal en el forjado artístico y decorativo en balcones y miradores. Asimismo, destaca un dragón apoyado en el dintel del balcón central sobre la inscripción del nombre del autor y la fecha de construcción. Por último, señalar que una lápida conmemorativa puesta en la fachada del primer piso, como se ve en la foto, rinde homenaje a Lina Morgan, vedette y actriz madrileña.

EN ESTA CASA
NACIÓ
EL 20 DE MARZO DE 1937
LA POPULAR ACTRIZ
MARIA DE LOS ANGELES
LÓPEZ SEGOVIA
"LINA MORGAN"

MADRID
LE RINDE HOMENAJE
EL 27 DE DICIEMBRE DE 1988

48 EDIFICIO BOGART
Cedaceros, 7

Por su diseño podemos afirmar que estamos ante una de las fachadas más originales de Madrid.

Detalle de los pisos finales.

La calle Cedaceros se encuentra entre la calle de Alcalá y la Carrera de San Jerónimo. En el número 7 se alza un edificio que te sorprende por su peculiaridad. El primer proyecto se remonta a 1906, cuando se levantó en ese solar un pabellón de una única planta, que tenía como único fin proyecciones cinematográficas, obra del arquitecto Luís López López.

Francisco Reynald (Toledo, 1926), hermano del arquitecto Eduardo Reynals (1864-1916), quien diseñó la Casa de Pérez Villaamil, hizo una nueva restauración entre 1916 y 1918 y transformó el inmueble en un frontón femenino llamado Salón Madrid. En 1920 el arquitecto Luis Ferrero Tomás (1868-1937) proyectó una nueva reforma. Se traslada la entrada a la actual, pues antes la tenía por la inmediata calle de los Madrazo, y es quien da al edificio la originalidad que hoy conserva. Estilo calificado como regionalista para cine, teatro y frontón en la parte superior del local. Recibió el nombre de teatro Rey Alfonso.

En 1927 Ferrero volvió a hacer una reforma. En esta época se llamó Picadilly Club y luego Lido. Más adelante se transformó en el cine de barrio Panorama durante treinta años. En 1965 se inauguró

el teatro Arniches, que cerró en 1976. Seguidamente, volvió a emitir proyecciones con el nombre de cine Cedaceros, exhibiendo pelis «S». El cine-estudio Bogart inició su andadura desde 1982 en versión original y cine de autor y en 2001 echa el cierre.

El edificio en 2006 fue ocupado por un movimiento okupa para la visibilización de los problemas de vivienda en Madrid. El Ayuntamiento presentó en 2017 un plan especial para reactivar el inmueble. En la actualidad abre sus puertas la discoteca Teatro Magno, una remodelada versión de lo que fue el anterior inquilino, el club privado Teatro Principito.

49 ATENEO DE MADRID
Prado, 21

La fachada del Ateneo,
a pesar de su estrechez,
está repleta de detalles

Se pueden ver tres
medallones con relieves
de Velázquez, Alfonso X
el Sabio y Cervantes

«El Ateneo de Madrid ha sido un gran protagonista en el devenir histórico del país, ha sido un escenario de la libre expresión de las ideas y un eje de referencia cultural ineludible». El Ateneo nace el 1 de junio de 1820 promovido por la Sociedad Económica Matritense; y lo hace como Sociedad Patriótica y Literaria dedicada a la difusión de las ciencias, las artes y las letras. Su lema era: «Sin ilustración pública no hay verdadera libertad». A la vuelta de Fernando VII esta frase no tenía sentido, por lo que la asociación estuvo durante una temporada inactiva. Vuelta a la normalidad, a partir del 31 de octubre de 1835 se dieron los primeros pasos para la fundación del Ateneo Científico, Literario y Artístico.

El Ateneo tuvo varias sedes en su historia. La primera estuvo en la calle Atocha, número 23, y después de un largo peregrinaje por distintos sitios la calle del Prado, número 21, es el lugar definitivo desde el 31 de enero de 1884. En la inauguración era presidente de la institución Antonio Cánovas del Castillo, a la vez presidente del Consejo de Ministros; contó con la presencia de los reyes Alfonso XII y María Cristina de Habsburgo-Lorena.

Su primer socio fue Mariano José de Larra. Fue admitido el 4 de enero de 1836 y se suicidó el 13 de febrero de 1837 sin haber cumplido treinta años. Otros ilustres ateneístas han sido Mesonero Romanos, Castelar, Unamuno, Valle-Inclán, Manuel Azaña o Benito Pérez Galdós, entre otros. Ramón de Mesonero Romanos, periodista y cronista ilustre de la villa como primer socio bibliotecario, inició en 1836 la configuración de una colección bibliográfica para el Ateneo, además de ser uno de los fundadores del proyecto inicial de la institución.

Se podría decir que en el Ateneo nació el feminismo en España, pues fue la primera asociación que permitió votar a las mujeres. A partir de 1905 el Ateneo empieza a tener voz femenina, siendo su primera socia Emilia Pardo Bazán, defensora del feminismo y de la mujer; lo consiguió el 9 de febrero de 1905. La escritora gallega, muy activa en la institución y que llegó a ser apodada la Condesa del Ateneo, abrirá las puertas a otras destacadas intelectuales: Blanca de los Ríos y Carmen de Burgos, que fueron admitidas el 10 de marzo del mismo año. Clara Campoamor, abogada, cuya vida está muy vinculada al Ateneo, ingresa en el mes de julio de 1917 a la edad de veintinueve años y se convierte en la primera mujer miembro de la Junta de Gobierno del Ateneo. Entre sus prioridades en la política fue luchar por el sufragio femenino en España, logrado en 1931.

En la actualidad la institución cultural busca una nueva imagen y atraer nuevos públicos, y para ello pone en marcha la campaña «Las mujeres en su sitio», dando una visibilidad merecida a grandes mujeres relevantes de la historia. En diciembre de 2022 rindió homenaje a la periodista almeriense Carmen de Burgos en el 155.º aniversario de su nacimiento, ocupando su lugar en la Galería de Retratos. La escritora y una de sus socias más ilustres de los últimos tiempos, Almudena Grandes, también fue homenajeada en esas mismas fechas.

Sus espacios más destacados son el Salón de Actos, de estilo neoclásico; la sala conocida como la Cacharrería, mítico espacio de reunión para los intelectuales; la gran biblioteca, que constituye su mayor tesoro; y la ya citada Galería de Retratos.

Manuel Azaña fue secretario del Ateneo entre 1913 y 1919 y presidente desde el 18 de junio de 1930 al 30 de mayo de 1932, coincidiendo con su presidencia en la Segunda República. En la actualidad se conserva su despacho como museo. Ramón María del Valle-Inclán llegó a presidir la institución en 1932, sucediendo a Manuel Azaña, y durante su escaso año en el cargo

ALFONSO X

(1853-1908) y Luis de Landecho (1852-1941). Este último arquitecto colaboró en la construcción del hotel Ritz en Madrid. En la fachada exterior sobresalen los relieves de tres medallones con los bustos del pintor Velázquez, el rey Alfonso X y Miguel de Cervantes, cuyo autor fue el arquitecto y escultor madrileño Arturo Mélida (1849-1902). El edificio está catalogado desde 1992 como Bien de Interés Cultural con categoría de Monumento Histórico-Artístico.

El 11 de abril de 2023 los reyes inauguraron los actos del bicentenario del histórico club privado de la capital, que nació hace doscientos años —los actos se han retrasado por la pandemia—.

vivió en el mismo Ateneo, en un apartamento ubicado en el edificio de Santa Catalina, fundando su propia tertulia, una de las más importantes de aquel Madrid literario de comienzos del siglo xx.

El edificio, de estilo modernista, fue diseñado entre el 1 de enero de 1882 y el 31 de diciembre 1884 por Enrique Fort y Guyenet

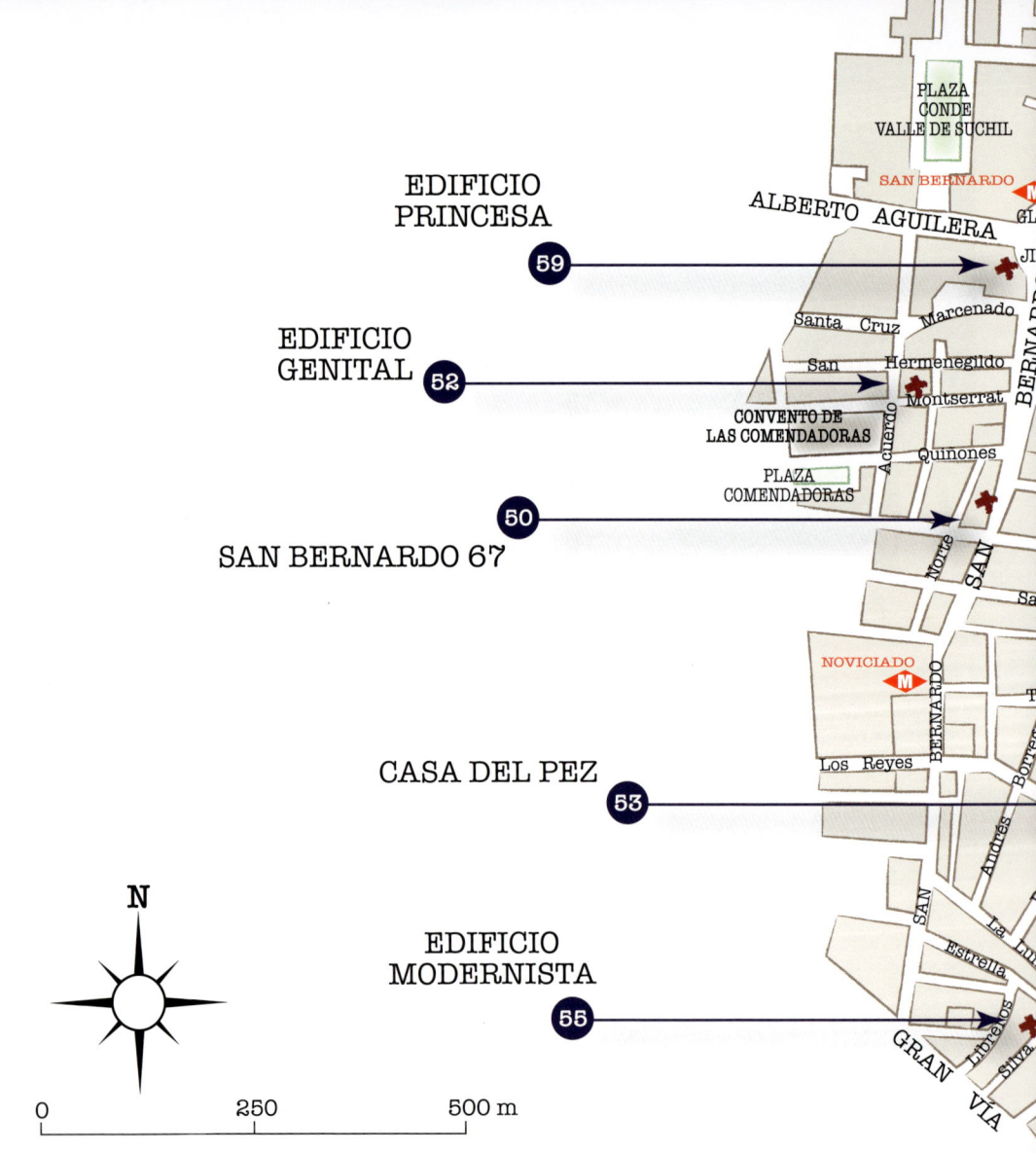

EDIFICIO
PRINCESA

59

EDIFICIO
GENITAL

52

SAN BERNARDO 67

50

CASA DEL PEZ

53

EDIFICIO
MODERNISTA

55

PLAZA
CONDE
VALLE DE SUCHIL

SAN BERNARDO

ALBERTO AGUILERA

Santa Cruz

Marcenado

San

Hermenegildo

Montserrat

CONVENTO DE
LAS COMENDADORAS

Acuerdo

Quiñones

PLAZA
COMENDADORAS

Norte

SAN

NOVICIADO

BERNARDO

Los Reyes

Borrego

SAN

Andrés

La Lun

Estrella

Libreros

Silva

GRAN VIA

N

0   250   500 m

ZONA MALASAÑA

SAN BERNARDO 112

51

BILBAO

GLORIETA BILBAO

FUENCARRAL

ARRANZA

doval

iela

Malasaña

COMPAÑIA
GENERAL DE LIBREROS

54

Andrés

Pastor

PLAZA
S DE MAYO

Velarde

Barceló

Ima

MUSEO
MUNICIPAL

Beneficencia

ite

Ferrer

ttu

Santo

Ana

TRIBUNAL

del Valle

Corredera Alta San Pablo

FUENCARRAL

PLAZA
SAN ILDEFONSO

Escorial

Molino de Viento

Colón

San

Pablo

Barco

ORDEN DE MALTA

58

Madera

Baja

57

MARQUÉS
DE RETORTILLO

Valverde

Puebla

Ballesta

56

CASA
JOSÉ VALCÁRCEL

Desengaño

S

50 EDIFICIO EN CALLE SAN BERNARDO
San Bernardo, 67

La calle San Bernardo acoge bellos edificios como éste.

Placa conmemorativa.

El uso de cerámica está muy presente en todo el edificio.

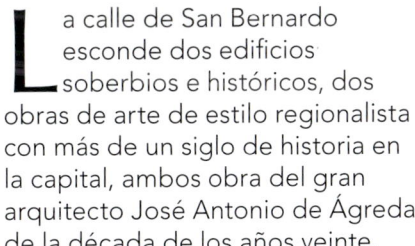

La calle de San Bernardo esconde dos edificios soberbios e históricos, dos obras de arte de estilo regionalista con más de un siglo de historia en la capital, ambos obra del gran arquitecto José Antonio de Ágreda de la década de los años veinte.

Destacar del primero de ellos los elegantes paneles y murales en el vestíbulo del portal, obra del famoso ceramista español, heredero de la tradición cerámica de Talavera de la Reina, Juan Ruiz de Luna. La cerámica es de lo mejor que hay en Madrid. El edificio es ecléctico y regionalista y se caracteriza por el empleo de unos originales miradores y balcones del Madrid decimonónico. En el exterior, en su planta primera, también se puede contemplar la decoración cerámica.

51 EDIFICIO EN CALLE SAN BERNARDO
San Bernardo, 112

Espectacular
fachada principal.

Portal y miradores
dan gran elegancia
al conjunto.

En el siguiente inmueble de José Antonio de Ágreda, el promotor fue Pedro R. de Arteaga. Una de las más bellas fachadas modernistas de la capital, que vuelve a resucitar tras una laboriosa restauración. Las vidrieras de la Casa Mauméjean, la rejería de hierro forjado, los estucos platerescos y la decoración de azulejos en el exterior, del ceramista talaverano Juan Ruiz de Luna, basada en personajes mitológicos, nos obliga a alzar la mirada y a disfrutar de este único y bello paisaje arquitectónico madrileño. Hay que destacar la excelente factura de la portada adintelada, con pilastras jónicas, y decorada con motivos florales; sobre la jamba se abre un ventanal rodeado de ornamentación labrada.

52 EDIFICIO GENITAL
Montserrat, 12

Sin duda estamos ante una de las fachada más atrevidas de Madrid.

Detalles del esgrafiado.

Nos encontramos con un edificio que pasa totalmente desapercibido a los transeúntes. Hay que alzar la mirada y entonces nos sorprende algo de lo más curioso. Se trata de un sencillo edificio

de tres pisos de estilo modernista que utiliza la técnica ornamental del esgrafiado para la decoración de la fachada con seis penes enormes, dos por planta, y en medio de cada pareja fálica hay un símbolo abstracto que representa, al parecer, una vagina. El arquitecto fue Arturo Pérez Merino, fue construido en 1912 y estaba destinado a ser viviendas de alquiler.

También se sabe que Pérez Merino proyectó otra media docena de edificios en Madrid, todos ellos de un modernismo ecléctico. Entre sus obras más llamativas, y que aún se conservan, está la casa de la calle de Hortaleza, número 96, donde se pueden apreciar unas originales ménsulas con forma de serpiente y que veremos a continuación.

53 CASA DEL PEZ
Pez, 20

Vista general del edificio.

Pez de piedra que recuerda la historia del nombre de la calle.

La calle del Pez antiguamente tenía dos tramos con distinto nombre, el del Pez, desde su inicio en la Corredera baja hasta la intersección con la calle de las Pozas, y con el rótulo de calle de la Fuente del Cura desde Pozas hasta la calle Ancha de San Bernardo. En la actualidad se encuentra entre la Corredera Baja de San Pablo y la calle de San Bernardo.

El nombre de Fuente del Cura le venía de la legendaria existencia de una finca con cinco pozas y un estanque de agua. Su propietario era el conocido en el barrio como Cura Henríquez («eclesiástico de notable cuna»). Al fallecer el prelado y llegado a Madrid Felipe II para instalar su corte, compró el Ayuntamiento la finca del cura con intención de construir casas, pero manteniendo la fuente en el lugar. El terreno donde se encontraba el estanque quedó dentro de la propiedad comprada por un tal Juan Coronel para levantar allí su casa, pero sus aguas se fueron mermando durante las obras y los peces que en ellas nadaban fueron muriendo. El último de ellos murió en las manos de Blanca Coronel, hija del tal Juan, aún después de que lo rescatase y lo guardara un tiempo en una pecera de vidrio. Para consolar a la muchacha, su padre ordenó labrar un pez de piedra en la entrada de la casa, en el chaflán del edificio del número 24 de la calle, con la calle del Marqués de Santa Ana y una inscripción con la leyenda «CALLE DEL PEZ». A pesar

de que con el tiempo se edificó una nueva casa en ese lugar, se ha mantenido la tradición y en la fachada del moderno edificio se ha colocado un símbolo idéntico al que existió en su origen en la casa de la familia Coronel. Al parecer, Blanca Coronel se hizo monja en el cercano convento de San Plácido. Y esta es la historia de la Casa del Pez y de ahí el nombre de la calle.

54 COMPAÑÍA GENERAL DE LIBREROS
San Bernardo, 82

El edificio, uno de lo más antiguos de la calle San Bernardo.

Remate que recuerda el origen del inmueble.

Nos encontramos en un nuevo edifico con historia. Se trata de la Compañía General de Libreros e Impresores del Reino, en la calle antes llamada Ancha de San Bernardo. Dicha compañía se creó en 1763, cuando se autorizó a los libreros de Madrid a

reunirse en época de Carlos III. Se habían desamortizado los privilegios de impresión de las comunidades religiosas y a partir del mismo año de la creación de la compañía se producirían reformas legislativas en este mismo sentido. Antiguamente el comercio nacional de libros estaba en manos de comunidades religiosas. Posteriormente, y al parecer, en los años veinte del siglo pasado, se sitúa en el inmueble una congregación regida por sacerdotes que pertenecían a la Academia Cicuéndez, relacionada con el Opus Dei. Ya en los años sesenta se establecieron dependencias del Servicio Social y en la actualidad hay oficinas y apartamentos.

Lo más reseñable del histórico edificio es un frontispicio neoclásico con la inscripción de la antigua compañía y que encima de la puerta de entrada, bordeando el número de la calle, hay una curiosa decoración esgrafiada.

153

55 EDIFICIO MODERNISTA
Silva, 21

El edificio destaca por
su bella decoración.

Iglesia de Nuestra Señora
de la Buena Ducha.

Se construyó
para que no
desentonara
y fuera del mismo
carácter que la iglesia
de Nuestra Señora de
la Buena Dicha, que
se encuentra justo
al lado. Fue obra del
arquitecto asturiano
Francisco García Nava
(1868-1937), defensor
de la arquitectura
modernista.

El edificio es de
cuatro plantas y

asimétrico, característica propia del modernismo, tanto en la disposición de miradores y balcones como en la decoración. En la ornamentación se hacen notar arcos conopiales, algunos rebajados y otros realzados. Y en el último piso de la línea de miradores, los arcos son góticos. Los miradores, tienen una elegante decoración con arcos superpuestos o entrelazados en su contorno. La rejería de los balcones es de líneas redondeadas y circulares.

La parroquia, considerada una pequeña obra maestra, se construyó entre 1914 y 1917 bajo el patronazgo de los marqueses de Hinojares. Destaca por su peculiaridad y variedad de estilos; hay influencias neorrománicas, neogóticas, estilo neoárabe y neomudéjar. Todo esto viene a reflejar el eclecticismo del templo, empezándose a notar ya el modernismo por la gran vidriera del gran ventanal dentro de un gran arco apuntado de la fachada principal. En el interior hay una vidriera policromada de la Casa Mauméjean y a la entrada en el interior de la torre

de la derecha, se halla la imagen de la Virgen de la Misericordia, tallada en madera, del siglo XVI. El templo tiene otra fachada posterior en calle de los Libreros, número 12.

La parroquia se encuentra bajo la administración de los padres mercedarios y está declarada Bien de Interés Cultural.

56 CASA DE JOSÉ VALCÁRCEL
Barco, 21

Oculta en la calle Barco nos espera esta maravillosa construcción.

La fachada está repleta de bellos detalles y adornos.

Paseando por la calle del Barco me encuentro esta joya arquitectónica. Se trata de un superviviente que con el paso del tiempo se ha convertido en un tesoro escondido con una fachada bastante peculiar que sobresale del resto de edificios: la Casa Valcárcel, que debe

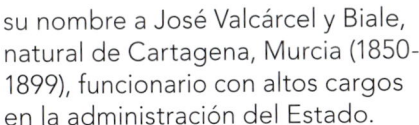

su nombre a José Valcárcel y Biale, natural de Cartagena, Murcia (1850-1899), funcionario con altos cargos en la administración del Estado.

El arquitecto fue Gregorio Cordonets. Fue construida en 1882 en estilo ecléctico, predominando el neomudéjar y el neoárabe con flecos modernistas. El inmueble es simétrico, con una entrada sencilla adintelada y dos pequeñas columnas adosadas. Es destacable la elegancia, belleza y diseño del cuerpo central con los miradores y los trabajos de rejería de los balcones. En el último piso resaltan arcos pareados trilobulados y pequeñas ménsulas.

57 EDIFICIO DEL MARQUÉS DE RETORTILLO
Barco, 31

Fachada del antiguo palacio en la calle Barco.

Caminando por la calle del Barco y admirando el paisaje urbano me encuentro con otro histórico edificio en el número 31. Al contemplar su fachada clasicista, simétrica, alternado unos espectaculares balcones de piedra y de rejería, me sorprenden dos escudos, uno a cada lado de la entrada principal. Los escudos despiertan mi curiosidad y me cuenta amablemente un vecino del inmueble que antes fue el palacio de los Marqueses de Retortillo. En la actualidad es una casa de vecindad.

Escudos heráldicos en la fachada.

159

58 ORDEN DE MALTA
Corredera Baja de San Pablo, 20

Vista general.

Puerta de entrada
al edificio.

Escudo de la Cruz
de Malta.

Estamos ante una casa antigua, sencilla, pero con una vetusta puerta de madera enmarcada en un alfiz de piedra y coronada por un escudo que aún pervive en la fachada con una cruz. El escudo es de la Cruz de Malta, Orden Hospitalaria y Militar de los Caballeros de San Juan de Jerusalén, de Rodas y de Malta, conocida popularmente como la Orden de los

Caballeros Hospitalarios. Al parecer, fue una hospedería para peregrinos o residencia para la comunidad.

Un dato que está contrastado es que se trata de una finca de planta poligonal con dos fachadas, una a la Corredera Baja de San Pablo, y otra a la calle del Barco, número 39, y con un patio central común a los dos inmuebles. Posteriormente fue edificio de viviendas durante muchos años y desde 1909 la moradora fue Ana Ruiz, madre del gran poeta Antonio Machado, quien vivió aquí durante un tiempo con su esposa Leonor. El Ayuntamiento de Madrid la adquirió en 1991 por su valor histórico-artístico y en la actualidad está rehabilitada.

59 EDIFICIO PRINCESA
Glorieta de Ruiz Jiménez

El Edificio Princesa es uno de los más claros exponentes del brutalismo en Madrid.

La vegetación cobra un gran protagonismo en esta obra.

Fernando Higueras (1930-2008) es el arquitecto que revolucionó la arquitectura española del siglo XX y uno de los más reconocidos a nivel internacional. Ganó el Premio de Arquitectura en 1961 junto a Rafael Moneo. Entre sus obras se encuentra en Madrid la sede del Instituto del Patrimonio Histórico Español.

En colaboración con Antonio Miró (1931-2011), levantaron entre 1967 y 1975 uno de los edificios del brutalismo en Madrid, el conocido como Casas de los Militares de San Bernardo.

El brutalismo nació a mediados del siglo xx en Inglaterra. Fachadas sencillas y minimalistas que mostraban los materiales desnudos, como el hormigón y ladrillo vistos, sin decorar o pintar, y que incluye otros elementos como el acero o vidrio.

Las viviendas llaman mucho la atención por su estructura, sus enormes líneas horizontales de las terrazas y su decoración vegetal que cuelga por ellas, en combinación con la monumentalidad del hormigón visto y blanco. Se diseñaron viviendas muy grandes, con aparcamiento, y se instalaron piscinas en las azoteas para recoger agua de la lluvia y reutilizarla para el riego de las plantas. Un edificio ecológico y pionero en esa época.

El nombre de edificio Princesa se debe al hospital que había en este lugar antes, el Hospital de la Princesa, que se levantó por petición de la reina Isabel II y que lleva el nombre por su hija, la princesa de Asturias, la infanta Isabel Francisca de Borbón, después de que se le concediera el título. La reina y su hija salieron ilesas de un atentado en 1852 y fue un acto de gratitud.

ZONA CALLAO-GRANVÍA

EDIFICIO TELEFÓNICA

73

EDIFICIO GRASSY

63

61 **CASA DE SIETE LAS CHIMENERAS**

CINE INFANTAS

69

RERCOLETOS

Barco
Valverde
FUENCARRAL
Hortaleza
S. Bartolomé
Barbieri
Libertad
Colmenares
PLAZA DEL REY

PLAZA DE LA CIBELES

Desengaño
Infantas
Victor Hugo
Barquillo

AYUNTAMIENTO

Clavel
Reina
SAN JOSÉ

GRAN
VÍA
Gracia
ALCALÁ
M BANCO DE ESPAÑA

M GRAN VÍA
RED SAN LUIS

ORATORIO CABALLERO DE GRACIA

Caballero
Virgen de
de
Gracia

CALATRAVAS

BANCO DE ESPAÑA

Chinchilla
Salud
MONTERA
Jardines
Virgen de los Peligros

bada

PLAZA DEL CARMEN

CÍRCULO BELLAS ARTES

PRADO

EL CARMEN

REAL ACADEMIA DE BELLAS ARTES DE SAN FERNANDO

M SEVILLA

men
ALCALÁ

62 **EDIFICIO METRÓPOLIS**

ados

M SOL
PUERTA DEL SOL

64 **CASA DOS PORTUGUESES**

60 CINE CALLAO
Plaza del Callao, 3

El Cine Callao es uno de los más antiguos de Madrid.

La colorida fachada es todo un icono de la Plaza de Callao.

Fue la primera obra del arquitecto Luis Gutiérrez Soto (1900-1977), cuya mayor parte de su obra se enmarcó principalmente entre el *art déco* y el racionalismo. Fue construido en el año 1926 e inaugurado como sala de cine el 11 de diciembre del mismo año. El edificio presenta tendencias academicistas con cierto gusto neobarroco español, y en su decoración interior sobresale el estilo *art déco*. El sótano del edificio se pensó para alojar un café o cabaré, aunque posteriormente se adaptó a la antigua y desaparecida discoteca Xenón.

El local tuvo también una espléndida sala de billar que se encontraba junto a la del cine y cerró en la década de los setenta del pasado siglo. El cine Callao fue pionero también en la utilización de su azotea para convertirla en un cine de verano, único en la Gran Vía madrileña que funcionó durante casi diez años, inaugurándose el 6 de junio de 1927 con tres películas de cine mudo.

61 CASA DE LAS SIETE CHIMENEAS
Plaza del Rey, 1

Pórtico con el detalle de las columnas exentas jónicas.

La Casa de las Siete Chimeneas es uno de los pocos ejemplos de arquitectura civil del siglo XVI que quedan en Madrid. Tiene el nombre popular por el tejado coronado por siete chimeneas cilíndricas características del edificio. Se conjuga el ladrillo con la piedra como elementos constitutivos de la fachada.

El edificio original de estilo renacentista corresponde al cuerpo rectangular con fachada, por su lado mayor a la calle Infantas, alternando la mampostería y el sillar. Destaca en el exterior su pórtico con cinco columnas exentas de estilo jónico y la puerta principal con dovelas de piedra sobre arco de medio punto. Fue declarado Monumento Histórico-Artístico en 1948 y en 1995 Bien de Interés Cultural.

En origen fue una casa de campo con amplias huertas y jardines, en el límite de la ciudad. La casa fue construida por un montero del rey Felipe II para dote de su hermosa hija Elena, que estaba enamorada de un capitán de los tercios de Flandes, del linaje de los Zapata, por nombre Diego Zapata. El militar falleció en una de las batallas y la bella muchacha entristeció; al poco tiempo amaneció muerta y nunca se supo el motivo. Este acontecimiento y otros que sucedieron posteriormente en

Placa que recuerda al Lyceum Club Femenino.

torno a la casa, que es considerada uno de los edificios con más leyendas de fantasmas y misterios de Madrid.

Pasaron los años y su nuevo propietario fue Pedro de Ledesma, secretario de Indias y secretario de Antonio Pérez, persona de confianza de Felipe II. Se hizo un nuevo proyecto entre 1574 y 1577 por el maestro de la construcción, el arquitecto Antonio Sillero (1526-1594), con modificaciones posteriores

Fuente ubicada en el centro de la Plaza del Rey.

Después de la reforma, en 1590, el doctor Francisco Sandi y Mesa compró la casa y fundó en ella el mayorazgo de la familia de los Colmenares desde 1716, condes de Polentinos, siendo de su propiedad hasta 1881. Curiosamente, la calle Colmenares está justo detrás.

del cántabro Juan de Herrera (1530-1597), considerado uno de los máximos exponentes de la arquitectura renacentista hispana.

En 1586 su nuevo propietario es el genovés Baltasar Cattaneo o Cataño, quien hace la primera ampliación, dando el nombre popular al caserón por añadido de las siete chimeneas, obra del arquitecto Andrea de Lurano.

En esta época se hace una nueva reforma, construyéndose un anexo para dar a la casa una planta en forma de ele, como está en la actualidad. Un importante morador en esa época fue el marqués de Esquilache en 1776, diplomático y político italiano al servicio de Carlos III en Nápoles y España contra el que se rebeló el pueblo de Madrid con el llamado Motín de Esquilache.

De nuevo en 1874 el arquitecto toledano Agustín Ortiz de Villajos

(1830-1902) realizó una nueva reforma, pues con su venta al financiero Jaime Girona en 1881 se convertiría en la futura sede del Banco de Castilla. Para este propósito, al año siguiente el arquitecto Manuel Antonio Capo emprendió la reforma de las fachadas y restauró la casa, devolviéndola a su aspecto original e intentando recuperar el espíritu de la arquitectura de Juan de Herrera.

Durante el siglo XIX la casa siguió acogiendo sedes bancarias y fue otra vez reformada en 1957 por el arquitecto y académico Fernando Chueca Goitia (1911-2004) y el arquitecto y catedrático José Antonio Domínguez Salazar (1911-2007). Al principio de los ochenta fue sede del Banco Urquijo y en la actualidad es sede del Ministerio de Educación y Cultura, cuyas dependencias ocupan también el solar del antiguo Teatro-Circo Price en la plaza del Rey.

En 1926 un grupo de mujeres pertenecientes a diferentes disciplinas fundaron el Lyceum Club Femenino. Entre ellas, grandes nombres como María de Maeztu, Clara Campoamor o Victoria Kent, entre otras muchas. El club desarrolló una intensa actividad hasta el inicio de la Guerra Civil.

62 EDIFICIO METRÓPOLIS
Alcalá, 39

Para muchos, el Edificio Metrópolis, es la construcción más bonita de Madrid.

El edificio, coronado por una Victoria Alada es de gusto francés.

Su construcción se realizó entre junio de 1907 y 1910, obra y diseño de los arquitectos franceses Jules Février (1842-1937) y su hijo Raymond para la compañía de seguros La Unión y el Fénix, aunque finalmente la llevó a cabo el español Luis Esteve Fernández-Caballero (1857-1915), con fecha de inauguración el 21 de enero de 1911. Fue construido al derribarse la conocida popularmente como Casa del Ataúd, en el inicio de la creación de la Gran Vía.

El edificio es de estilo ecléctico con influencia modernista de los primeros edificios madrileños construidos en hormigón. La construcción refleja el estilo francés por la combinación de arquitectura y escultura que se aprecia tanto en la fachada como en los detalles de interiorismo, cuidándose cada detalle, lo que aporta un gran valor artístico al conjunto. En la fachada resalta el bronce de la rejería de balcones y puertas. Las plantas superiores, en estilo clasicista y neobarroco francés, están adornadas con pares de columnas corintias y estatuas alegóricas del comercio, la agricultura, la industria y la minería, obra Mariano Benlliure (1862-1947), escultor valenciano; Paul Landowski (1875-1961), escultor francés de

origen polaco; y Lambert Escaler (1874-1957), escultor catalán.

El edificio está coronado por una cúpula de pizarra con incrustaciones doradas de auténtico pan de oro de veinticuatro quilates en un estilo que, por su semejanza con el casco de los bomberos, se denomina

En el remate del edificio se pueden ver distintos grupos escultóricos de gran belleza.

pompier —«bombero» en francés—. Originariamente, soportaba el símbolo de la compañía, una figura alegórica de bronce que representaba al Fénix, sobre el que había una figura humana con el brazo alzado representando a Ganímedes, héroe divino originario de una región de la antigua Turquía. Fue realizada por el escultor francés René de Saint-Marceaux (1845-1915).

El emblemático edificio ha sido restaurado en 1996 y en 2016.

A principios de los años setenta la compañía vendió el edificio a la aseguradora Metrópolis. La estatua fue reemplazada por otra, nuevo símbolo de la compañía, que representa la Victoria alada —la diosa de la Victoria en la cultura griega—, obra del reputado escultor e imaginero español Federico Coullaut-Valera (1912-1989). Tras la edificación del nuevo edificio en el paseo de la Castellana entre 1965 y 1971, la aseguradora trasladó allí sus oficinas en 1972, incluido el Fénix, donde permanece hoy en día. Actualmente el inmueble es propiedad y sede oficial de la Mutua Madrileña.

El icónico edificio se va a rehabilitar de nuevo, tomando un nuevo protagonismo al convertirse en un hotel de lujo y revitalizando el primer tramo de la Gran Vía. El edificio Metrópolis sigue siendo un símbolo de Madrid después de más de un siglo de historia y el centro de atención de miradas de viandantes y turistas.

La extinta Casa del Ataúd fue una de las primeras víctimas en 1910 de ese proyecto faraónico que supuso la construcción de la Gran Vía. Los madrileños lo bautizaron de esa tétrica manera por su delgadez. Esta casa era tan delgada que sólo tenía espacio para una ventana por piso.

63 EDIFICIO GRASSY
Gran Vía, 1

El Edificio Grassy marca el inicio de la Gran Vía madrileña.

Detalles de la fachada.

El edificio Grassy fue uno de los primeros edificios construidos al finalizarse el primer tramo de la Gran Vía —antigua avenida del Conde de Peñalver—, justo al lado del edificio Metrópolis, separados por la calle del Caballero de Gracia y ambos de los más singulares de la gran arteria. Levantado sobre un solar triangular y destinado a viviendas de lujo, comprende dos inmuebles independientes unidos por un pasadizo-vestíbulo en la planta baja con acceso a las dos calles (Gran Vía, n.º 1, y Caballero de Gracia, n.º 21) y que también estaba destinado al paso de carruajes. El edificio fue diseñado por el arquitecto historicista cántabro Eladio Laredo y Carranza (1864-1941) entre 1916 y 1917, participando el prestigioso ceramista Daniel Zuloaga (1852-1921). Laredo emplea un repertorio ecléctico muy habitual en la arquitectura madrileña de la época, alternando cuerpos retranqueados y avanzados que se acentúa por el amplío desarrollo de las balaustradas en los balcones que bordea todo el recorrido de la fachada. El conjunto tiene muchos motivos de origen plateresco y detalles modernistas. El interior del vestíbulo es espectacular, pletórico de paneles cerámicos en las paredes.

Su primer propietario fue un destacado personaje de la industria española del cambio de siglo, el fotógrafo, empresario y escritor Luis

Ocharán Mazas (1858-1926). Luego aparece Alejandro Grassy, argelino de origen italiano y nacionalidad francesa, hombre emprendedor y gran comerciante que provenía de una familia de orfebres milaneses y que supo aprovechar y desarrollar sus conocimientos cuando se estableció en Madrid. Primero abre una tienda-

tienda en el número 1 de la Gran Vía, donde se encuentra todavía hoy —tercera generación familiar—. Grassy encargó al arquitecto Manuel Ambrós Escanellas un nuevo diseño y algunos retoques, creando la fantástica marquesina que convierte al edificio en la proa de un barco. La mítica relojería estaba decorada con un interiorismo de exquisita creatividad artística; además, fue el primer establecimiento de Madrid con puertas automáticas.

A partir de los años sesenta y setenta se da un gran empuje al negocio de las antigüedades y objetos de arte y comienzan también las colaboraciones con artistas, destacando la emblemática exposición de joyas de Salvador Dalí en 1982. El nombre se hizo popular debido al empleo de grandes anuncios en la fachada de relojes de alta gama. Así en 2005 se instala el anuncio luminoso de Rolex que se conserva en la actualidad —una corona dorada—. Desde esta misma época alberga en la parte de abajo el Museo del Reloj Antiguo.

taller en la calle Infantas. Debido al gran éxito de este primer negocio, pocos años después, ya en 1923, abriría un segundo establecimiento en la zona comercial de la Red de San Luis (Gran Vía, n.º 29) con el nombre de Unión Relojera Suiza. Grassy tenía ya por entonces sucursal en Biarritz y en París. Su reputación y seriedad fue creciendo a la par que el negocio, lo que desembocó en la apertura en mayo de 1954 de una segunda

Hay que decir que a finales de los años sesenta desaparecieron los anuncios al reformarse la fachada y parte de su decoración exterior, como un grupo escultórico de niños que coronaban el templete.

En 1989 se abrió una nueva tienda en la calle José Ortega y Gasset, número 17, y en junio de 2022 en Galería Canalejas, el nuevo centro de lujo en Madrid, se inaugura una nueva *boutique* Rolex de la mano de joyería Grassy. El amor a la relojería de la firma ha conseguido que Grassy sea en España la meca por excelencia del amante del buen reloj.

En la primera planta del inmueble estuvo el mítico restaurante Sicilia Molinero desde 1917 hasta los años noventa, uno de los más elegantes salones de té de la ciudad. En la actualidad se encuentra el también elegante restaurante La Primera.

En 1981 el edificio Grassy fue inmortalizado por el pintor hiperrealista Antonio López en su cuadro titulado *La Gran Vía*.

64 CASA DOS PORTUGUESES
Virgen de los Peligros, 13

La frondosa vegetación de la azotea llama la atención de no pocos viandantes.

El hierro y el cristal son protagonistas claros de esta céntrica fachada.

La Casa Dos Portugueses es la denominación por la que se conoce popularmente a dos edificios de oficinas y comercios en los números 11 y 13 en la calle Virgen de los Peligros. Esta casa está formada por dos edificios independientes entre sí pero que se fusionan, pareciendo uno sólo. El autor del singular conjunto fue Luis Bellido y González (1869-1955), arquitecto de estilo ecléctico pero que fue evolucionando hacia una corriente modernista. La obra se hizo entre 1919 y 1922.

El primero de los dos edificios que se edificó fue el que tiene vuelta con la calle de los Jardines. En el segundo se dio más importancia al chaflán con vuelta a la calle Caballero de Gracia y fue el que albergó las oficinas de la firma comercial Casa Dos Portugueses. Llama la atención cuando alzas la mirada y observas sorprendido un torreón hexagonal cubierto con una esbelta cúpula revestida de cerámica esmaltada y una terraza colmada de vegetación que cuelga entre los muros exteriores. En la fachada predominan los nuevos materiales hierro y cristal, junto a ornamentos cerámicos.

En cuanto al origen del nombre de este edificio, no hay ninguna reseña, aunque pudiera ser que fuera un lugar de encuentro para todos los lusitanos que residían en Madrid.

181

EDIFICIO CAPELLANES
Maestro Victoria, 3

Vista general del edificio.

Lleva este nombre porque en el mismo solar, en la antigua vivienda, era donde tenían su residencia los capellanes que asistían a la Casa Real y al vecino monasterio de las Descalzas Reales. Por este motivo el primer nombre de la calle fue de Capellanes y así consta en el antiguo plano de Espinosa de los Monteros completado en 1769.

La Casa de Capellanes estaba contigua al monasterio y fue construida por la fundadora del convento, la princesa doña Juana de Austria, hermana menor de Felipe II, que había nacido en él cuando era palacio. Creó al tiempo una casa de misericordia y hospital con personal asistencial con el que colaboraban los capellanes de las monjas.

El edificio, como consecuencia de los procesos de desamortización, pasó a manos de la Compañía Española General de Comercio, la cual lo puso en venta en 1854. En el inicio de la segunda mitad del siglo XIX, coincidiendo con los últimos años del reinado de Isabel II, se convierte en un local teatral con el nombre de teatro de Capellanes o Café de Capellanes . Los cronistas Pedro de Répide y Ángel Fernández de los Ríos coinciden en el dato de que el año 1876 el teatrito de Capellanes pasó a llamarse teatro de la Risa.

La espectacular entrada principal.

El 5 de febrero de 1897 se reinventa con el nuevo nombre de teatro Cómico y se convierte durante medio siglo en hogar de la pareja cómica que conducía la Compañía de Zarzuela y Verso de Loreto Prado y Enrique Chicote, dos de los actores más queridos

Maestro Victoria, que en esa época se llamaba María Pineda, calle que desde el año 1941 tomó el nombre de Maestro Victoria (1548-1611).

Tomás Luis de la Victoria, abulense, residió y falleció en la Casa de los Capellanes. Fue un compositor considerado uno de los grandes del arte universal. Trabajó durante veinticuatro años en este convento, diecisiete como capellán de la emperatriz María de Austria, hermana de Felipe II, hasta su muerte en 1603, y después, a partir de 1606, como organista del monasterio. Una placa conmemorativa del Ayuntamiento de Madrid le rinde homenaje en los muros del edificio.

La Casa de Capellanes fue derruida en 1902 y en 1903 el arquitecto José López Salaberry (1858-1927) elaboró un proyecto para la reedificación del solar, tarea que realizará el arquitecto de inspiración clasicista Manuel Medrano Huetos (1860-1906) en nombre de la marquesa Villamejor, propietaria del inmueble

en el Madrid castizo. Durante este tiempo la titularidad del inmueble estaba en manos del marqués de Villamejor, entonces uno de los personajes más ricos de España. En 1888, tras su fallecimiento, la heredó su hijo, el vizconde de Irueste, que luego pasaría a su hermano, el último conde de Romanones. La adquisición tenía por objeto derribar la finca y edificar una casa de lujo de nueva planta. Posteriormente se hizo la ampliación de El Corte Inglés con la plazoleta que ensanchó ante esos almacenes la calle del en ese momento. Es un edificio histórico, catalogado y protegido, cuyas obras fueron terminadas en 1906. Originalmente constaba de un sótano, planta baja, entreplanta y tres plantas altas. En fechas posteriores se construyó una planta cuarta como ático retranqueado. El estilo es ecléctico con flecos clasicistas y una perfecta simetría en todo su conjunto. En la actualidad y desde 1968 en el nuevo edificio se encuentra el Colegio Oficial de Arquitectos Técnicos, Aparejadores e Ingenieros de Edificación en Madrid.

Una placa conmemorativa en la fachada recuerda al gran escritor de la generación del 98 Pío Baroja y Nessi (1872-1956). Aquí estuvo instalado el establecimiento original de Viena Capellanes, primera panadería que fabricó pan de Viena en Madrid. Su promotor fue en 1873 Matías Lacasa, un industrial afincado en Madrid. La introducción de este tipo de pan suponía una novedad en España y pronto se convirtió en un *pan de lujo*, toda una revolución que tuvo gran aceptación. Matías Lacasa Ferrer y su esposa, Juana Nessi, hermana de Carmen Nessi, madre del escritor, pusieron una tahona en el antiguo edificio de los Capellanes, donde en un futuro trabajarían Pío Baroja y su hermano Ricardo, que estuvieron al frente del negocio durante dos décadas. Así, el público de Madrid iba a comprar el pan de Viena a Capellanes y, como es sabido, de aquí procede la cadena de establecimientos Viena Capellanes, pues le quedó el nombre para toda la vida. El fundador fue Manuel Lence Fernández, quien compró el negocio a los antiguos propietarios, en aquellos años, los hermanos Baroja, que a su vez habían heredado de su tía, doña Juana Nessi, esposa del fundador. En la actualidad continúa la familia Lence regentando la histórica y emblemática cadena de cafeterías —tercera generación familiar—.

66 CASA DE LAS ALHAJAS
Plaza de San Martín, 1

En este solar se ubicó el primer convento de Madrid, del siglo XII.

El edificio recibe este nombre por las muchas joyas que, antaño, se empeñaban aquí.

Ocupa el lugar del primer convento de la ciudad, el de San Martín, que fue fundado en 1126 y derribado en 1868, cuando las desamortizaciones de Mendizábal. El edificio pasó a formar parte del Estado, hasta que fue adquirido por la ya desaparecida Caja de Ahorros y Monte de Piedad de Madrid tras la fusión de ambas instituciones en 1869 y como una nueva sede para dar cabida a la nueva institución. El nombre de la Casa de las Alhajas le viene por las innumerables joyas que durante años se empeñaban aquí.

El exterior del edificio es un claro ejemplo de la arquitectura de la segunda mitad del siglo XIX, de estilo ecléctico historicista con gusto italiano. Los muros exteriores son de ladrillo visto dispuesto a tizón y piedra caliza, donde se abren diferentes vanos con elementos ornamentales. Los autores fueron Fernando Arbós y Tremanti (1844-1916) y José María Aguilar y Vela (1827-1899). Ambos arquitectos ganaron en 1870 el concurso para el proyecto del presente edificio.

Fue construido en el año 1875 y ocupa una manzana completa, de forma trapezoidal, cuyo acceso principal se sitúa en la plaza de San Martín.

Interiormente su distribución se organiza en torno a un patio central cuadrado, a través del cual se distribuyen el resto de dependencias, que está cubierto con un lucernario realizado en hierro y vidrio. En la década de 1980 se restauró para adecuar sus salas a los nuevos usos, exposiciones, eventos o celebraciones privadas o de empresas. Y recientemente se ha vuelto a rehabilitar con la creación

de un auditorio y se ha ampliado el espacio de exposiciones.

El edificio pertenece a la Fundación Montemadrid, que se encarga de su gestión. La Fundación Obra Social y Monte de Piedad de Madrid nace en 2012 como heredera de la actividad de la Obra Social, la anterior Fundación Caja Madrid y el Monte de Piedad.

67 HOTEL THE MADRID EDITION
Plaza de Celenque, 2

En la actual fachada sigue cobrando gran protagonismo la portada barroca de Pedro de Ribera.

La reconversión del histórico edificio de la antigua Caja de Ahorros y Monte de Piedad en el hotel de lujo The Madrid Edition ha puesto en valor la histórica plaza de las Delcalzas, que estaba algo olvidada, dotando de mayor esplendor el centro de Madrid. The Madrid Edition nace como el primer *resort* urbano de lujo.

Y no es sólo un hotel, también es un recinto de arte, lujo refinado y bienestar. El original diseño, cuidada decoración y equilibrio en formas y detalles reafirman la marca.

Entramos en el hotel por la entrada principal, y lo primero que nos encontramos es una cautivadora e imponente escalera serpenteante de yeso y mármol. El hotel cuenta con doscientas habitaciones, incluidas las veintitrés suites y dos áticos o *penthouse* comunicables, cada uno con su propia piscina, dos plantas y terraza. Un toque distintivo en las habitaciones, un guiño que hace el hotel a la cultura madrileña, es el espectacular cabecero retroiluminado hecho a medida y que se inspira en la forma de la gran portada barroca de la plaza de las Descalzas. Esos guiños a la cultura madrileña y española continúan en el *lobby*, presidido por un gran tapiz de la Real Fábrica de Tapices. Estos detalles se combinan con diseños exclusivos y muebles a medida, como los sofás y sillones del decorador francés, gran exponente del *art déco* y minimalista, Jean Michel Frank (1895-1941); los taburetes de bronce reciclado de la diseñadora Ambre Jarno, con su firma Maison Intègre, inspirada en las formas de los objetos cotidianos y tradicionales del patrimonio cultural de África occidental; sillas cubiertas de cuerda del diseñador francés Christian Astuguevieille; o la mesa de billar del decorador y escultor Emmanuel Levet

Stenne, que se esculpió a partir de una única losa de mármol blanco.

Asimismo, cuenta con dos exclusivos restaurantes, terraza en la azotea y *pool bar* junto con la piscina Infinitty, la más grande construida sobre la cubierta de un edificio preexistente en Madrid, un centro de *spa-wellness* y gimnasio de última generación. También cuenta con un exclusivo bar de cócteles de autor, el *punch room* y Lobby Bar.

El proyecto ha sido realizado por el estudio de arquitectura Ruiz-Larrea y Asociados, con la colaboración en interiorismo del arquitecto inglés John Pawson, que se caracteriza por líneas puras y funcionalidad y el reputado artista francés François Champsaur. La fachada incorpora un nuevo elemento: la carpintería metálica en las ventanas en color marrón, que resalta con los tonos claros del muro. El cromatismo resultante, al combinar dos colores, tan característico en la arquitectura madrileña, aporta visualmente elegancia y modernidad. Por otra parte, se ha respetado al máximo el trabajo hecho en la

Estatua de Francisco Piquer.

anterior restauración de 1966, obra del arquitecto Manuel Cabanyes Mata (1902-1972). La supervisión final ha corrido a cargo de Ian Schrager, fundador de la mítica discoteca neoyorkina Studio 54 y creador de la marca hotelera Edition. La propietaria de la marca es Marriott Internacional y sería el segundo establecimiento de la marca en España tras abrir The Barcelona Edition en 2018.

En la plaza de las Descalzas se alza la gran portada barroca original restaurada. El genial arquitecto Pedro de Ribera ha creado un lenguaje único: el *barroco castizo madrileño*. The Madrid Edition, por lo tanto, en su conjunto adquiere la categoría de hotel *boutique* o de autor, «único e inigualable en España y fuera de nuestras fronteras». El nuevo proyecto realizado ha sido galardonado con varios premios, por la transformación arquitectónica y por mantener los más altos estándares en la industria inmobiliaria en su nuevo uso.

El 3 de diciembre de 1702 Francisco Piquer y Rodilla, siendo capellán del monasterio de las Descalzas Reales, funda un establecimiento benéfico, el Monte de Piedad de Madrid. Su finalidad era ayudar a las clases sociales más necesitadas, concediendo préstamos a bajo interés, depositando como avales alhajas, ropas y otros bienes similares. Bajo el reinado de Felipe V se le conceden al Monte de Piedad unas casas en la misma plaza de las Descalzas para que instalaran las oficinas y una capilla, que abrieron al público el 1 de mayo de 1724. Del

Estatua del marqués de Pontejos.

conjunto destacaba la soberbia portada barroca del templo que Pedro de Ribera realizó en 1733 y que es la que hoy podemos contemplar —uno de los tesoros históricos de Madrid—.

Posteriormente, en 1838, la Caja de Ahorros de Madrid, institución promovida por el marqués viudo de Pontejos, acabó fusionándose con el Monte de Piedad en 1869. En 1892 se instalan dos estatuas de los creadores de la Caja de Ahorros y Monte de Piedad de Madrid que se mantienen en la actualidad. En los años sesenta del pasado siglo se derribó el edificio de la plaza de las Descalzas para construir uno nuevo en cuya fachada trasera se colocó la portada de Ribera como recuerdo del primer edificio, salvándose así de desaparecer.

68 EDIFICIO DEDICADO A MINGOTE
Duque de Osuna, 8

Esta construcción es una de las más simpáticas de Madrid por su coloridas pinturas

Detalles de las múltiples pinturas que homenajean a Mingote.

Es una pieza de museo al aire libre. El edificio rinde homenaje a Antonio Mingote, con una rica ornamentación engalanando los balcones del edificio con pinturas realizadas sobre cartones originales. En las composiciones lucen distintos personajes del

genial pintor con su inconfundible y característico trazo, mostrándonos distintas situaciones cotidianas. Estos dibujos están incluidos en el Catálogo de Monumentos y Elementos Urbanos desde 2007.

Antonio Mingote Barrachina (1919-2012), nacido en Sitges, llega

Madrid en el año 1944. Dibujante, escritor y periodista, fue miembro de la Real Academia Española. Trabajador incansable, su fama procede principalmente de su intensa actividad en el terreno del humor gráfico. Vaya desde aquí un pequeño gran homenaje al gran humorista, tan querido por el pueblo de Madrid.

69 CINE INFANTAS
Infantas, 21

El Cine Infantas estuvo funcionando durante casi medio siglo, hasta 1992.

Detalle de la fachada.

En el barrio de Chueca, estaba esta mítica sala de proyección, un clásico en el barrio: el cine Infantas. Se inauguró en 1948 y cerró sus puertas en 1992, cuando ya en la década de los ochenta fue el inicio de la decadencia del séptimo arte en los cines de barrio y

salas tradicionales en favor de las multisalas, que también han ido desapareciendo. En la actualidad son viviendas particulares, y en sus bajos, un supermercado. Entre noviembre de 1973 y junio de 1974 funcionó como sala provisional de la Filmoteca Española, que, como es sabido, hoy día es el cine Doré.

El edificio se inauguró en las mismas fechas que el cine y el estilo arquitectónico es de gran sobriedad en ornamentos, y ahí está la curiosidad y la belleza, por esa simplicidad de formas, pero que a pesar de ello queda perfectamente integrado con el resto de inmuebles que le rodean. Combina la piedra, el ladrillo y la estética de la arquitectura madrileña de posguerra en un llamado estilo Imperial. Sólo se realzan unos guardapolvos en las ventanas adinteladas del primer piso y en sus bajos unos elementos barrocos.

EDIFICIO CARRIÓN O CAPITOL
Gran Vía, 41

Junto al Edificio Metrópolis, el Capitol o Carrión es uno de los iconos arquitectónicos de la capital.

En la actualidad el edificio alberga un hotel de cuatro estrellas.

Es un icono vanguardista de la construcción y un referente en la capital. La Gran Vía reforzó la imagen de modernidad y el edificio añadió su representatividad, que marca no solamente la identidad de Madrid, sino también la historia de la arquitectura española del siglo XX.

En 1930 el promotor Enrique Carrión y Vacín (1877-1950), II marqués de Melín, promueve un concurso entre los mejores arquitectos para remodelar su solar de la plaza de Callao y la construcción del gran complejo de viviendas, hotelero y de servicios. Finalmente, contrata a Luis Martínez-Feduchi (1901-1975) y Vicente Eced y Eced (1902-1978), con un proyecto en un estilo e influencias modernistas, con forma de barco y levantando un gran torreón. En el año 1934 ambos arquitectos recibieron la Medalla de Segunda Clase en la Exposición Nacional de Bellas Artes por este trabajo realizado en el periodo 1931-1933.

El edificio Carrión alcanza los cincuenta y cuatro metros de alto y consta de dieciséis plantas. Su sistema constructivo es básico, pero incorpora adelantos tecnológicos; utiliza mármol, granito y un uso innovador de vigas de hormigón y acero de un tipo especial. También se utilizaron telas ignífugas y un sistema de refrigeración, el primero centralizado en Madrid y cuya maquinaria ocupaba toda una planta. El solar ofrece una construcción en forma de chaflán rematada por una torre de cuatro pisos a modo de faro urbano que se proyectó desde el principio como soporte de anuncios luminosos. La estructura de la cubierta se convirtió en la sala de espectáculos más grande, el cine Capitol, que se inauguró el 15 de octubre de 1933. El edificio logró ser el emblema del

Placa en la fachada que recuerda al promotor del inmueble, Enrique Carrión.

Madrid moderno e inspiró a otros arquitectos en capitales españolas.

En 2007 se hizo una rehabilitación del edificio dirigida por Rafael de La-Hoz Castanys, que dirige el estudio de arquitectura Rafael de La-Hoz Arquitectos, anteriormente dirigido por su padre, Rafael de La-Hoz Arderius (1924-2000), uno de los impulsores de la modernización de la arquitectura española durante la segunda mitad del siglo xx. En la actualidad el edificio acoge el hotel Vincci Capitol, el cine Capitol y una tienda de ropa justo en el chaflán que mira a la plaza de

Callao. El 3 de abril de 2018 fue declarado Bien de Interés Cultural en la categoría de Monumento.

El anuncio luminoso de neón de la marca Schweppes que corona el edificio es uno de los símbolos de la Gran Vía y un icono turístico y cultural de Madrid. En 2010 se aplicó una ordenanza municipal que regulaba la publicidad exterior en la ciudad, prohibiendo los rótulos luminosos en el centro. El luminoso de la prestigiosa marca de bebidas fue considerado en la categoría de bienes culturales y rótulo histórico, por lo que se mantuvo su continuidad. El 5 de agosto de 1972 se expidió la licencia de instalación de esta mítica publicidad, que sustituyó a un rótulo de la compañía de tabaco Camel. La principal responsable de la obra fue Luisa Álvarez, una referencia en el arte lumínico.

En 2004 el luminoso tuvo que ser retirado para someterse a unas obras de remodelación. Cuando regresó, lo hizo algo cambiado; se modificó la tipografía y las letras, que pasaron a ser minúsculas —salvo la «S» inicial—, siguiendo así los cambios en la identidad gráfica de la marca.

El luminoso ha aparecido en numerosas películas españolas. Una de las apariciones más famosas es en *El día de la bestia*, dirigida por Álex de la Iglesia.

Otra curiosidad es que en esta fecha, 20 de abril de 2023, el histórico edificio renueva su imagen coincidiendo con el nonagésimo aniversario y dice adiós al mítico cartel antiguo de Capitol. El nuevo rótulo que preside la azotea es una réplica exacta del original del año 1933, tanto en tamaño —1,70 centímetros de alto— como en tipografía. Desaparece la publicidad de Vodafone.

El hotel Vincci Capitol, de cuatro estrellas, mantiene todos los elementos originales *art déco*. Dispone de ciento cuarenta habitaciones, entre las que destacan las habitaciones Fila 4, Fila 5 y Fila 6, las tres decoradas con motivos

El neón de Schweppes corona el edificio desde 1972

de películas, en homenaje al mítico cine. La terraza con bar en la séptima planta destaca porque en su decoración mantiene una fila de chimeneas de estilo industrial con mucho color. En la novena planta hay otra terraza-mirador sin bar con espectaculares vistas a la Gran Vía.

71 TORRE DE MADRID
Plaza de España, 3

Con sus 142 metros la Torre de Madrid fue en su día el edificio más alto de España.

Vista de los tejados de la Gran Vía con la torre que se alza en todo su esplendor.

Edificio icónico de la capital. El encargado de diseñar el edificio, construido entre 1954 y 1957, fue el ingeniero y arquitecto Julián Otamendi Machimbarrena (1889-1966), quien trabajó en estrecha colaboración con su hermano José María (1885-1959) como encargo de la

Compañía Inmobiliaria Metropolitana —propiedad de la propia familia Otamendi— para la que ya habían construido el edificio España.

La Torre de Madrid fue inaugurada en 1960 y en ese momento se convirtió en el edificio más alto de España. Su construcción fue un proyecto ambicioso que se llevó a cabo en una época en la que España estaba viviendo una importante transformación social y económica y representaba un símbolo para la ciudad por su magnífica ubicación, un distintivo de modernidad y de progreso del país.

En la actualidad, con una altura de

alto de España hasta 1982 y el más alto de la Unión Europea hasta 1967, cuando fue superado por la Torre Sur de Bruselas, de 150 metros de altura. En la actualidad tiene una antena con la que alcanza los 162 metros.

El diseño original de la Torre de Madrid se caracterizaba por su forma cilíndrica, que luego fue modificada para darle un aspecto más atractivo. Es un ejemplo del estilo arquitectónico racionalista, que se caracteriza por la funcionalidad y la ausencia de ornamentos y por las líneas rectas y simples. El racionalismo es un movimiento que respeta las formas elementales y proyecta con belleza pero sin artificio, aprovechando todos los avances técnicos de la época —entre 1925 y 1965, aproximadamente—.

Tras una importante rehabilitación interior y exterior, en 2012 la parte central y superior —pisos 10 a 32— está destinada a viviendas particulares y oficinas; mientras que en las nueve primeras plantas se ubica el hotel Barceló Torre

142 metros y treinta y tres plantas, es el séptimo rascacielos más alto de la ciudad después de las Cuatro Torres —superiores a los 200 metros todas ellas—, el edificio Caleido (181 metros) y la Torre Picasso (156). Durante varios años se consideró el edificio de hormigón más alto del mundo. Asimismo, fue el edificio más

Placa que recuerda al director
Luis Buñuel, vecino del edificio

de Madrid, inaugurado en 2017.
La última reforma del edificio se
dio en 2016. La planta baja está
dedicada a locales y amplias galerías
comerciales. Como curiosidad, la
planta 32 consiste en viviendas tipo
dúplex y la 33 aloja un gimnasio,
piscina y un mirador privado de
casi trescientos sesenta grados que
puede ser el mejor de la ciudad.

La Torre apareció en numerosas
películas españolas y del resto de

Europa de los años sesenta. Luis
Buñuel (1900-1983), uno de los
cineastas más grandes e influyentes
de todos los tiempos, se alojaba
en la Torre de Madrid durante sus
estancias en la capital entre 1960 y
1980. Una placa del Plan Memoria
de Madrid junto al portal de acceso
homenajea al gran director de cine.

Aunque ha perdido algo de
protagonismo en el *skyline* madrileño,
sigue siendo un referente en la
historia de la arquitectura española
y una muestra de la evolución de
la ciudad a lo largo de los años.

EDIFICIO ESPAÑA (HOTEL RIU-PLAZA DE ESPAÑA)
Gran Vía, 86

El edificio, construido entre 1947 y 1953 fue en su día uno de los más altos de Europa.

Detalle de la portada neobarroca.

Es uno de los primeros rascacielos levantados en la capital y uno de los más emblemáticos. Junto a la Torre de Madrid forman un conjunto histórico y arquitectónico de primer orden en la capital.

Empezó a ser construido en 1947 según un proyecto de los hermanos Otamendi —

Julián, arquitecto, y José María, ingeniero—, los mismos arquitectos y compañía que construirían cuatro años más tarde la vecina Torre de Madrid, veinticinco metros más alta. Su propósito era aunar los rasgos característicos de la arquitectura española de la posguerra con la idea de rascacielos a la americana que funcionara como una ciudad autosuficiente —centro comercial, restaurantes, oficinas, viviendas, piscina…—.

Este edificio y el edificio Telefónica, que veremos a continuación, se inspiraron en el barroco del siglo XVIII del genial arquitecto Pedro de Ribera con sus imponentes portadas. De este modo, la edificación presenta una gran portada neobarroca. Asimismo, gran verticalidad, presentando una perfecta simetría, aislado de ornamentación, ladrillo, hormigón armado y piedra caliza recordando la arquitectura tradicional madrileña.

En el momento de su construcción el más alto del país con sus 117

metros y sus veintisiete plantas, fue considerado uno de los edificios más grandes de Europa y se convirtió en un símbolo de la modernidad y un referente de la arquitectura y la tecnología de la época. Hoy es el octavo edificio más alto de la ciudad. Las obras acaban y en 1953 se inaugura el hotel Crowne Plaza, con terraza y

En la actualidad el edificio alberga el Hotel Riu Plaza España

piscina en la azotea, con grandes fiestas en la tan sonada Movida madrileña de los años ochenta.

Hasta principios del siglo XXI en el edificio España, aparte del hotel, también había numerosas oficinas y locales comerciales. El hotel,

a pesar de hacer una completa remodelación entre 2002 y 2003, cierra sus puertas en 2006 y es entonces cuando su propietaria, Metrovacesa —que absorbe a la antigua propietaria, Compañía Inmobiliaria Metropolitana— vendió el inmueble a la inmobiliaria del Grupo Santander. La entidad bancaria comenzó las tareas de derribo del interior para realizar una reforma integral. A partir de aquí el edificio cambió de manos varias veces, estuvo abandonado y sin uso varios años. Finalmente, después de varios conflictos con varias administraciones municipales y cambios de dueños, en agosto de 2019 el edificio España reabrió sus puertas como un nuevo hotel de la cadena Riu —RIU Hotels & Resorts es una empresa española con sede en Palma de Mallorca fundada por la familia Riu en 1953—. Se trata de un hotel de lujo de cuatro estrellas que cuenta con 589 habitaciones y una amplia variedad de servicios y espacios de ocio.

Espacios de ocio del hotel: piscina exterior, ubicada en la planta 21;

El Edén Gastrobar, restaurante en la planta 26; 360° Sky Bar, en la planta 26, con grandes ventanales e increíbles vistas; Terraza 360° Rooftop, restaurante en la planta 27, con impresionantes panorámicas a la ciudad y música en directo. No hay que olvidar el momento estrella: pisar la pasarela y el balcón de cristal que cuelga a cien metros de altura sobre el suelo.

Además de su arquitectura, el edificio España cuenta con anécdotas y curiosidades. Una de ellas se refiere al diseño del edificio, que se inspiró en la arquitectura y en los rascacielos que dominaban el *skyline* de Nueva York en la década de los cincuenta. Otra curiosidad tiene que ver con la inauguración del hotel, que contó con la presencia de importantes personalidades de la época, como el director de cine Orson Welles o la actriz Ava Gardner.

Para acabar, hay que decir que con la remodelación del edificio y la nueva inauguración se ha recuperado parte del esplendor de la fachada original.

La imponente fachada se alza hasta los 117 metros.

Además, se enmarca en otro proyecto urbanístico de vital importancia, aumentando la oferta hotelera tan importante para Madrid. También a tener en cuenta es la nueva reforma de la plaza España, inaugurada el 22 de noviembre de 2021.

73 EDIFICIO TELEFÓNICA
Gran Vía, 28

Muchos consideran
este edificio (1930)
como el primer
rascacielos de Europa.

Está situado en
el segundo
tramo de la gran
avenida cuyo primer
nombre fue avenida
de Pi y Margall. De
aspecto colosal e
imponente, otorgó
modernidad al paisaje
urbano de Madrid,
imitando a las grandes
y monumentales

construcciones neoyorquinas. Con sus noventa metros, y organizado en quince plantas, fue el primero en ser llamado *rascacielos* de Europa, que sería desbancado por el edificio España en 1953. Por su parte, Telefónica fue fundada en 1924 con la participación de la empresa ITT (Internacional Telephone Telegraph) con el fin de modernizar las telecomunicaciones en España.

En cuanto a su arquitectura y estructura, aunque se caracterice por su monumentalidad, es un ejemplo claro del estilo neobarroco, como ya dije al visitar el edificio España, que se popularizó durante los años veinte y treinta del siglo xx en nuestro país. Los guiños barrocos, además de en la impresionante portada, se observan en el gran escudo de España y el su remate final, donde se conserva un reloj de estética *art déco*. Asimismo, el edificio tiene reminiscencias escurialenses por esos detalles en pequeños pináculos o pirámides en las torres y cornisa. El edificio está construido con una estructura de acero y hormigón,

con una fachada de granito gris y detalles en piedra caliza.

El autor de la grandiosa obra fue el joven madrileño Ignacio de Cárdenas Pastor (1898-1979), quien buscaba algo innovador y funcional. Comenzó el trabajo en octubre de 1926 y se da por finalizado el 1 de enero de 1930.

Escudo de España que remata
el tramo final del edificio.

por el estadounidense Lewis S. Weeks (1881-1941), dada su experiencia en el diseño a comienzos de los años de veinte diversos edificios de centrales telefónicas en Nueva York.

En los años cincuenta el edificio sufrió una nueva renovación y ampliación, esta vez dirigidas por el arquitecto José Luis Fernández del Amo Moreno (1914-1995), uno de los impulsores de la creación del Museo Español de Arte Contemporáneo, actual Reina Sofía, en su primera localización en los bajos de la Biblioteca Nacional. En 1967 se instala el reloj de cuatro caras en la torre en estilo *art déco*, mientras que en la década de los setenta se llevó a cabo una ampliación del edificio con la construcción de una nueva torre de oficinas anexa al edificio original.

El arquitecto, además, estaba en nómina en la empresa, pues era jefe del Departamento de Edificaciones de la recién creada Compañía Telefónica Nacional de España. Antes de comenzar el proyecto, Cárdenas fue asesorado en el diseño preliminar

Como curiosidades, desde este edificio el rey Alfonso XIII contacta con el presidente de los Estados Unidos, Calvin Coolidge; es la primera llamada transoceánica. En la Guerra Civil a la Gran Vía la llamaron la Calle de los Obuses o del Quince y Medio, debido al calibre de las bombas; así que imaginaos que la mole del edificio fue un blanco fácil. Además, las galerías subterráneas sirvieron de refugio a las gentes de Madrid y también a corresponsales extranjeros como Ernst Hemingway. A las mujeres con funciones de telefonistas que la compañía contrató se las llamaba popularmente las Chicas del Cable, y fue un paso importante en la integración de la mujer al mundo laboral. En el edificio, entre todos los departamentos en conjunto llegaron a trabajar mil ochocientas personas en varios turnos y veinticuatro horas.

En la década de los ochenta Telefónica trasladó su sede a un nuevo edificio en la zona de Las Tablas, y en los años siguientes el edificio sufrió una serie de transformaciones y modificaciones. En 2008 Telefónica abre su espacio más representativo, la tienda Movistar Flagship Store, con entrada por la Gran Vía. En 2012 nace el Espacio Fundación Telefónica, también conocido como Museo Telefónica, con entrada por la calle Fuencarral, número 3. Consta de cuatro plantas, con tienda, librería, cafetería, salas de exposiciones temporales y exposición permanente que ofrece la posibilidad de descubrir una colección única en España y ver la evolución de las telecomunicaciones en nuestro país. La fundación, además, canaliza acciones humanitarias dentro del Grupo Telefónica en aquellos países en los que está presente.

74 CASA GALLARDO
Ferraz, 2

En 1915 el premio al Mejor Construido en Madrid en aquel año.

En la cúpula destaca una "G" en homenaje al apellido de las promotoras, las hermanas Gallardo.

El encargo de este edificio lo realizaron las hermanas Esperanza y Asunción Gallardo García. Una de las obras clave de la última etapa del modernismo madrileño, tendencia arquitectónica entre finales del siglo XIX y principios del XX. Proyectado inicialmente en 1911 por el arquitecto catalán Federico

Arias Rey (1871-19¿¿) terminó las obras en 1914 el madrileño Luis Vidal y Tuasón (1877-1940). El antiguo inmueble y solar pertenecían a los marqueses de Albaida.

El edificio sorprende por su ostentosa ornamentación escultórica y un eclecticismo lujoso y elegante. Consta de miradores, balcones de época con un excelente trabajo artesano de forja, elementos florales y relieves de piedra artificial, líneas curvas suaves y herraduras que hacen del conjunto una obra arquitectónica singular. Destacan los tonos claros de las paredes con el tejado, cubierto por láminas de pizarra, sobre todo en la cúpula central. En la gran cúpula destaca una «G» en color dorado, que hace honor al apellido de las damas propietarias.

En 1915, el Ayuntamiento de Madrid premió el edificio como la casa mejor construida en ese año. Se declaró Bien de Interés Cultural en 1997.

Dentro del edificio se encuentra el Club Allard, que abrió sus

puertas en 1998 como club privado. Renace una vez más con un restaurante convertido en un templo gastronómico con dos estrellas Michelin. El nombre Allard proviene de la familia Gallardo, apellido al que decidieron retirar la ge y la o. La familia o herederos son los dueños de todo el edificio y locales.

213

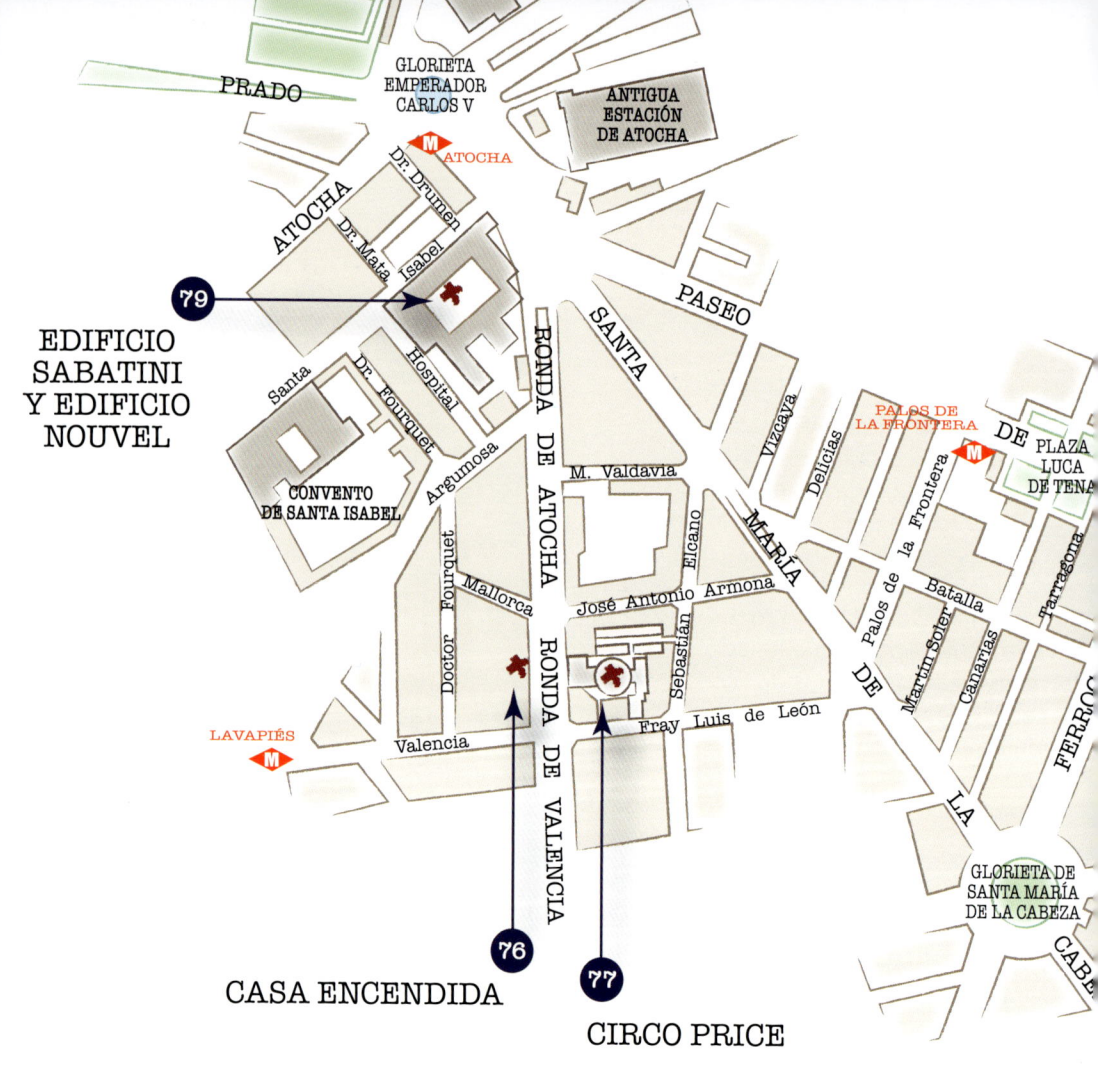

PRADO

GLORIETA
EMPERADOR
CARLOS V

ANTIGUA
ESTACIÓN
DE ATOCHA

ATOCHA

Dr. Drumen

M ATOCHA

Dr. Mata

Isabel

PASEO

79

SANTA

EDIFICIO
SABATINI
Y EDIFICIO
NOUVEL

Santa

Hospital

Dr. Fourquet

PALOS DE
LA FRONTERA

Vizcaya

Delicias

DE

M

PLAZA
LUCA
DE TENA

RONDA DE ATOCHA

Argumosa

M. Valdavia

MARÍA

Palos de la Frontera

Batalla

Martín Soler

Canarias

Tarragona

CONVENTO
DE SANTA ISABEL

Fourquet

Mallorca

Elcano

José Antonio Armona

Doctor

Sebastián

DE

LAVAPIÉS
M

Valencia

RONDA DE VALENCIA

Fray Luis de León

LA

FERRO

76

GLORIETA DE
SANTA MARÍA
DE LA CABEZA

CASA ENCENDIDA

77

CAB

CIRCO PRICE

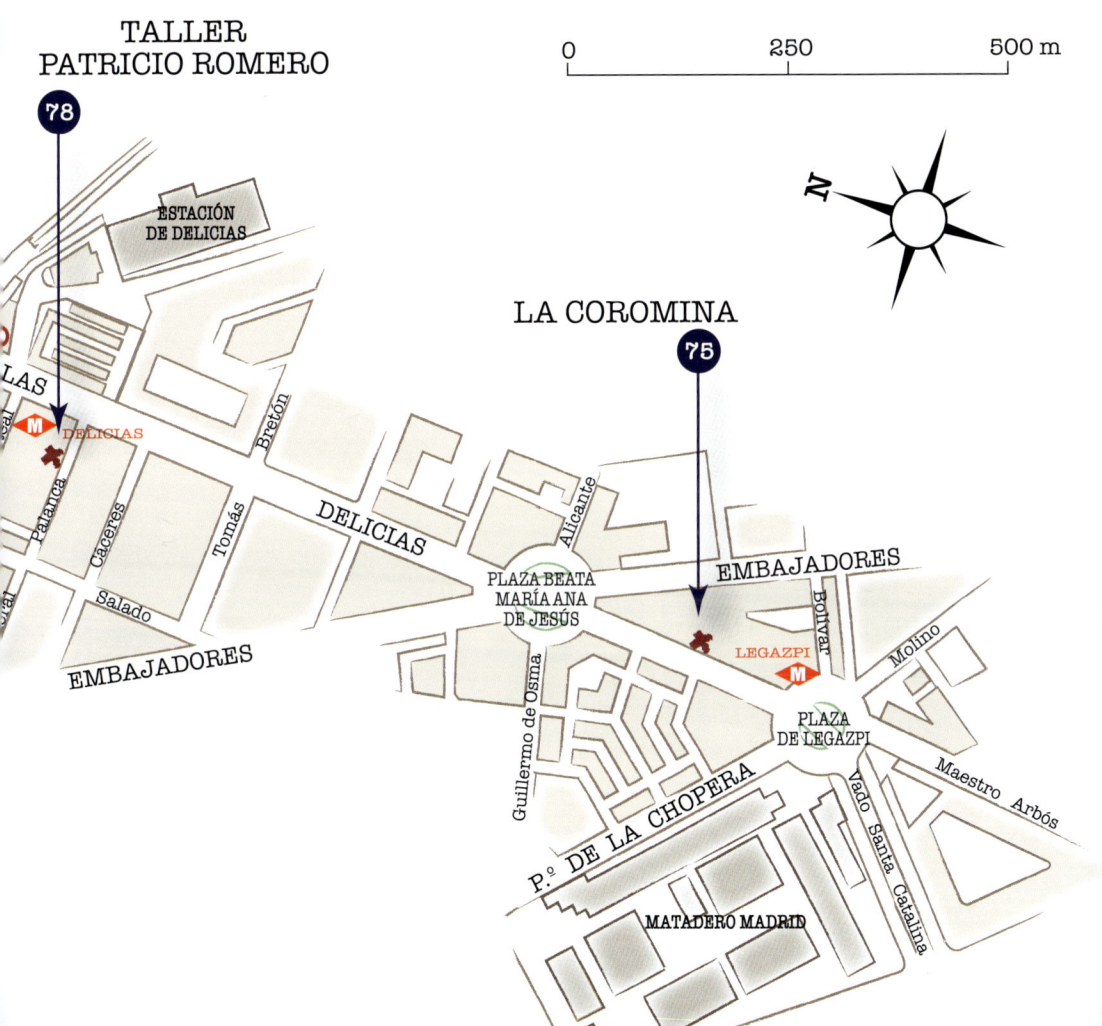

ZONA DELICIAS

0   250   500 m

TALLER PATRICIO ROMERO

78

LA COROMINA

75

ESTACIÓN DE DELICIAS

LAS

DELICIAS

Palanca

Cáceres

Tomás

Bretón

Salado

EMBAJADORES

DELICIAS

Alicante

PLAZA BEATA MARÍA ANA DE JESÚS

EMBAJADORES

LEGAZPI

Bolívar

Molino

Guillermo de Osma

PLAZA DE LEGAZPI

Maestro Arbós

P.º DE LA CHOPERA

Vado Santa Catalina

MATADERO MADRID

75 LA COROMINA "LA CASA VERDE"
Paseo de las Delicias, 137 y 139

Estamos ante una de las construcciones más originales de la ciudad.

Es una construcción de color verde con un gran voladizo en los laterales y en el centro un frontón triangular. Si bien lo que llama la atención al paseante es que se descubre un edificio interior que emerge paralelo como retranqueado de diferente color rematándose con un alero y frontón triangular paralelo al original. En un lateral sobresale una línea de miradores que rompe la simetría.

Al parecer se trataba de La Coromina Industrial, SA, una fábrica de productos químicos. La fábrica daba a la calle Embajadores, y el edificio dedicado a la administración y viviendas con fachada, al paseo de las Delicias, que es el que hoy podemos contemplar.

La fábrica desapareció como desaparecieron en su práctica totalidad todas las instalaciones industriales que tuvieron su emplazamiento en el distrito de Arganzuela, pero la fachada del edificio del paseo de las Delicias, con un nivel de protección, ha obligado a su conservación. Fue construido en 1920 en estilo regionalista. Entre 1984 y 1985 fue rehabilitado y ampliado según el proyecto de los arquitectos Guillermo Cabeza Arnáiz y Luis Moya González.

Detalles de la fachada.

CASA ENCENDIDA
Ronda de Valencia, 2

Este centro cultural funcionó en sus orígenes como Casa de Empeños Monte de Piedad.

El reloj central es uno de los elementos más reconocibles del edificio.

Su nombre está tomado del libro homónimo del poeta granadino Luis Rosales.

El edificio fue diseñado por Fernando Arbós y Tremanti (1844-1916), arquitecto conocido además por obras como la iglesia de San Manuel y San Benito. La primera piedra se colocó el 1 de mayo de 1911 y se inauguró el 1 de mayo de 1913. En sus primeros años su uso fue como Casa de Empeños Monte de Piedad, conocido popularmente como el Monte y después como Casa de Empeños, acogiendo la segunda sucursal de la Caja de Ahorros y el Monte de Piedad de Madrid. En la década de los años ochenta y noventa del pasado siglo fue restaurado y rehabilitado por los arquitectos Guillermo Escribano Villanueva (primera rehabilitación) y Carlos Manzano (segunda rehabilitación).

De estilo neomudéjar, el exterior destaca por la disposición simétrica flanqueada por dos torreones que sobresalen lateralmente. Todo el conjunto se caracteriza por el uso de pilastras donde los vanos finalizan en arcos rebajados. En el centro, un pequeño frontón triangular enmarca el histórico reloj de La Casa Encendida.

La Casa Encendida es un centro cultural y social donde conviven algunas de las expresiones artísticas más vanguardistas. Nació como lugar de apoyo a jóvenes artistas. El centro dispone de biblioteca, hemeroteca, auditorio, sala audiovisual, salas de exposiciones, talleres, ecotienda, cafetería y la Terraza de La Casa Encendida, con cine en verano y numerosas plantas y vegetación. Hay también visitas guiadas y atención en sala en algunas de las exposiciones. Como edificio histórico artístico, está protegido con el máximo nivel por los distintos planes de conservación y ordenación.

En la actualidad La Casa Encendida es un centro social y cultural de la Fundación Montemadrid-Obra Social Caja Madrid.

77

CIRCO PRICE
Ronda de Atocha, 35

El edificio albergó originalmente una fábrica de galletas.

Muy cerca de La Casa Encendida se alza el Circo Price. El Ayuntamiento de Madrid toma la decisión en 1999 de mantener un circo estable y para ello adquiere la antigua fábrica de galletas Pacisa. Las obras se inician en 2002, según el proyecto del arquitecto Mariano Bayón. La inauguración oficial del Circo Price se llevaría a cabo en marzo de 2007. Históricamente su ubicación, desde 1876, estuvo en la plaza del Rey, donde ahora está la sede del Ministerio de Cultura. El 12 de abril de 1970 fue su última función.

Thomas Price (1813-1877) fue un empresario irlandés ubicado en España, artista de circo y propietario y primer director del coliseo.

Antiguamente toda esta zona pertenecía al cinturón industrial de Arganzuela. El circo se ha construido conservando el muro exterior de la fábrica; una fábrica industrial cuya fachada se adornaba con lacería y motivos cerámicos según proyecto en 1922 del arquitecto Luís Martínez Díaz. En el edificio vemos una portada con un gran arco

central de medio punto; el resto se caracteriza por las pilastras y arcos muy rebajados bajo la cornisa.

CASA-TALLER DE PATRICIO ROMERO
General Palanca, 33

En la zona de Delicias nos sorprende este edificio por su uso del trencadís.

Peculiar y curioso edificio de viviendas de estilo modernista, que resalta del resto de edificios que le rodean; alzando la vista, llama la atención por su fascinante colorido y arquitectura. Un tesoro escondido junto al paseo de las Delicias. Destaca sobre todo

Detalles de este bello edificio con un siglo de vida.

la decoración de la fachada, basada en el uso del trencadís y del hierro; también el trabajo artesano de rejería es sobresaliente. El trencadís es un tipo de aplicación ornamental del mosaico a partir de fragmentos cerámicos unidos con argamasa, muy habitual y característico en el modernismo catalán y valenciano.

El arquitecto es Luis Ferrero Tomás (1868-1937), que solía trabajar en estilo ecléctico, pero que optó aquí por una decoración típicamente modernista. Se construyó entre 1922 y 1924, sufriendo modificaciones, ya que pasó de casa-taller a edificio de viviendas con un local comercial en la planta baja.

Este espectacular edificio alberga una de las pinacotecas más importantes de Europa

El Museo Nacional Centro de Arte Reina Sofía tomó como sede el antiguo Hospital General de Madrid, gran edificio y obra maestra del neoclasicismo español del siglo XVIII. Este hospital fue acabado por Francisco Sabatini (1721-1797) y se le conoce como edificio Sabatini, en honor a este arquitecto italiano.

El hospital fue clausurado en 1965 y durante varios años estuvo abandonado. Al ser declarado Monumento Histórico-Artístico, en 1977 el Ministerio de Cultura recuperó el edificio según el proyecto de restauración del arquitecto, académico y catedrático Antonio Fernández Alba entre 1980 y 1986.

El Museo Reina Sofía se especializa en arte contemporáneo desde finales del siglo XIX hasta la actualidad y, junto a su gran colección de fondos, se ha convertido en un referente ineludible del saber y del conocimiento a nivel nacional e internacional. Fue creado el 27 de mayo de 1988 y el 10 de septiembre de 1992 sus majestades los reyes don Juan Carlos y doña Sofía inauguraban la colección permanente del museo, que hasta ese momento había acogido únicamente exposiciones de carácter temporal. El Reina Sofía forma parte del conocido como Triángulo del Arte de Madrid, junto al Museo de Prado y el Thyssen-Bornemisza. Asimismo, está incluido en el denominado Paisaje de la

Luz, paisaje cultural declarado Patrimonio de la Humanidad el 25 de julio de 2021. En él se reúnen obras de Dalí, Miró o Juan Gris, pero la obra insigne y más conocida del museo es el *Guernica*, una de las obras más relevantes e icónicas del arte moderno y uno de los cuadros más famosos del mundo, pintura mural al óleo

Una de las dos impresionantes torres donde se ubican los ascensores.

guerra civil española. El *Guernica* estuvo expuesto en el pabellón español durante la Exposición Internacional de 1937 en París.

Las monumentales torres de cristal —vidrio y acero— fueron construidas por los arquitectos racionalistas José Luis Íñiguez de Onzoño y Antonio Vázquez de Castro en colaboración con los arquitectos británicos Lan Ritchie y Ove Arup. Por esa obra ganaron en 1990 el Premio de Urbanismo, Arquitectura y Obras Públicas del Ayuntamiento de Madrid.

El continuo desarrollo del museo continuó con la ampliación y construcción de un nuevo edificio proyectado por el arquitecto francés Jean Nouvel, mediante un concurso internacional en 1999. En junio de 2005 queda inaugurado el complejo del edificio Nouvel, de estilo vanguardista, que comprende: una biblioteca y centro de documentación, librería, oficinas, cafetería, sala de protocolo y dos auditorios con capacidad para doscientos y cuatrocientos

elaborada en el año 1937 en París por el genio más universal del arte contemporáneo, el pintor, escultor y poeta español, el malagueño Pablo Ruiz Picasso (1881-1973). El título de la obra alude al bombardeo de Guernica ocurrido el 26 de abril de dicho año (1937), durante la espectadores, respectivamente. La entrada a las instalaciones es por el Patio Nouvel, desde la plaza del Emperador Carlos V y Ronda de Atocha,

El museo, además de los dos edificios, Sabatini y Nouvel, tiene otras dos sedes en el parque del Retiro: el Palacio de Cristal y el Palacio de Velázquez.

El Patio Nouvel, con una cafetería, es uno de los espacios más demandados de este singular conjunto

ZONA CIBELES

EDIFICIO
CARIÁTIDES

80

CASA DEL CURA **82**

PASEO DE RECOLETOS

PLAZA
DEL REY

PALACIO
DE BUENAVISTA

Barquillo

PLAZA
DE LA CIBELES

Infantas

Reina

GRAN VÍA

Caballero de

Gracia

ALCALÁ

AYUNTAMIENTO

LAS CALATRAVAS

M
BANCO
DE ESPAÑA

CÍRCULO
BELLAS ARTES

Marqués

BANCO
DE ESPAÑA

ALCALÁ

M
SEVILLA

Cedaceros

Madrazo

de Cubas

PASEO DEL PRADO

CASA DE LOS HEROS
Y CASA CHICA **81**

PLAZA
DE LA LEALTAD

PASEO DEL PRADO

N

0   250   500 m

EDIFICIO DE LAS CARIÁTIDES
(INSTITUTO CERVANTES) Alcalá, 49

Este antiguo banco, hoy sede del Instituto Cervantes, lleva la firma del arquitecto Antonio Palacios.

El elemento más reconocible del edificio son las colosales cariátides de la puerta principal.

El edificio es de estilo ecléctico pero con monumentalidad clasicista; fue construido con hormigón y otros materiales de primera calidad. Destaca por las cuatro impresionantes cariátides esculpidas en piedra —columnas en forma de mujer— situadas en la entrada, en la esquina achaflanada entre las calles Barquillo y Alcalá, dos a cada lado, presidiendo la entrada, apoyadas sobre dos grandes ménsulas. A su vez están delimitadas por una secuencia de colosales columnas jónicas, adosadas, acanaladas, seis a cada lado de cada calle con mascarones en el centro de los capiteles. Además, en los dos laterales que dan al palacio de Buenavista y a la calle Barquillo, a continuación de las columnatas hay una serie de pilastras adosadas del mismo estilo. En la cúpula o templete también podemos contemplar seis pares de columnas a cada lado de menor tamaño exentas y jónicas.

El conjunto en sí es una representación y exhibición de arte y creatividad. Al inmueble se le denomina también el edificio de las Cariátides.

Como curiosidad, los madrileños, dados a poner mote a todo y acostumbrados a los chascarrillos, quedaban deslumbrados ante la imponente fachada principal y de esa manera dio origen a la exclamación o expresión: «La casa de "Joder, ¡qué puerta!"».

La edificación se encuentra sobre el solar de lo que anteriormente fue el palacio del Marqués de Casa-Irujo, en cuyos bajos estuvo un pequeño

Detalle de las cariátides.

en España del Banco del Río de la Plata establecido en Buenos Aires.

Otamendi fue compañero de estudios de Palacios y juntos emprenden otros proyectos en la capital, como el diseño del emblemático edificio del Palacio de Comunicaciones de la plaza de Cibeles. Ambos alarifes se caracterizan por esa expresividad y monumentalidad arquitectónica sin renunciar al funcionalismo tan característico que les define.

La inclinación ecléctica es muy característica en toda la obra de Palacios. Además, esta construcción se presenta como un referente para el conjunto de toda su trayectoria profesional.

teatro y el entonces célebre Café Cervantes. El nuevo edificio fue construido entre 1910 y 1918, justo en el inicio del nacimiento de la Gran Vía, por los arquitectos y urbanistas Antonio Palacios Ramilo (1874-1945) y Joaquín Otamendi Machimbarrena (1874-1960) para albergar la sucursal

Las cariátides fueron obra del escultor Ángel García Díaz (1873-1954). En 1974 realizó la ampliación del edificio tras la fusión del Banco Central. Estas obras fueron realizadas por el arquitecto Manuel Cabanyes Mata (1902-1972), prolífico constructor de la posguerra madrileña.

Posteriormente fue sede del Banco Central Hispano y del Instituto de Crédito Oficial. Desde octubre de 2006 es el Instituto Cervantes quien constituye su definitivo emplazamiento tras diversos cambios de lugar desde su fundación en 1991.

El Instituto Cervantes es una organización pública cuyo objetivo principal es la promoción y enseñanza universal de la lengua española y el atender fundamentalmente al patrimonio lingüístico y cultural que es común a los países y pueblos de la comunidad hispanohablante.

Detalle del mascarón.

81

CASA DE LOS HEROS Y LA CASA CHICA
Alcalá, 34

La Casa de los Heros debe su nombre al comerciante vasco Juan Antonio de los Heros.

A su lado la Casa Chica, llamada así por su discreto tamaño.

Mostramos el magnífico palacio del Ministerio de Educación y Formación Profesional. Anteriormente fue el edificio de Presidencia del Consejo de Ministros, Instrucción Pública y Bellas Artes.

En el antiguo solar estaba la llamada Casa

de los Heros. El edificio tomó su nombre en 1779 de su promotor, el comerciante vasco Juan Antonio de los Heros, que además, entre otros cargos, fue diputado y director de la Casa de los Cinco Gremios. El inmueble fue destinado a varios usos, entre ellos almacén de vidrios elaborados en la Real Fábrica de Cristales de La Granja.

En 1916 la casa fue demolida al estar en ruinas y en su lugar se edificó el edificio que vemos en la actualidad, inaugurado en 1928. Fue construido entre 1916 y 1923 en un primer proyecto por el arquitecto Ricardo Velázquez Bosco (1843-1923), quien fue profesor del famoso arquitecto Antonio Palacios. El proyecto se amplió entre

1924 y 1931. La fachada principal presenta un estilo ecléctico propio del autor con monumentalidad

clasicista. Destaca la entrada principal con tres grandes arcos de medio punto y el cuerpo central de dos pisos con columnas jónicas de gran tamaño coronando en el tercer piso un frontón semicircular partido por el escudo de España. El último presenta una serie de diez columnas jónicas, dando mayor verticalidad al conjunto. En este último cuerpo, en una reforma anterior, se eliminaron cuatro parejas de estatuas, quedando en la actualidad dos esculturas que, además, se colocaron a la altura de la segunda planta.

La sede también se compone del

Detalles de la Casa de los Heros.

edificio anexo de estilo clasicista en el número 36, denominado coloquialmente Casa Chica por su pequeño tamaño en comparación con el principal. Este modesto inmueble albergó entre 1804 y 1932 el antiguo Depósito Hidrográfico. Empezó su construcción en 1802 Manuel Martín Rodríguez (1751-1823), arquitecto de formación neoclásica, sobrino y discípulo del arquitecto Ventura Rodríguez. En un principio fue de dos alturas, destacando su simetría. En 1856 interviene Severiano Sainz de Lastra (1823-1884), conocido por ser el arquitecto, junto con Eduardo Adaro (1848-1906), del edificio del Banco de España. Se encargaría del añadido de la tercera planta con ventanales y arcos de medio punto.

82 CASA DEL CURA
Alcalá, 41

En este lugar se ubicó la primera casa que se derribó para levantar la Gran Vía, la Casa del Cura.

La Iglesia de San José con su característica fachada rojiza.

Junto a la histórica iglesia barroca de San José, antiguo templo del desaparecido convento de carmelitas descalzos del convento de San Hemenegildo fundado en 1586, se encontraba la Casa del Párroco, más conocida como la Casa del Cura, Casa del Párroco o Casa de los Capellanes. La Gran Vía se empezó a construir en 1910 y fue el rey Alfonso XIII quien inauguró tal acontecimiento clavando la piqueta en el antiguo caserón, que fue la primera víctima, comenzando aquí la creación de la gran arteria madrileña. Fue en el primer tramo, que se llamó avenida del Conde de Peñalver. La iglesia se libró del derribo y Madrid pudo conservar el templo barroco.

El proyecto del nuevo edificio es obra del arquitecto diocesano Joaquín María Fernández Menéndez Valdés, como corrobora la inscripción en el portal. También trabajó en el proyecto homogeneizando la fachada del edificio y la parroquia para dar unidad artística al conjunto

el arquitecto Juan Moya Idígoras (1867-1953). Moya iniciaría en este edificio la corriente del estilo neobarroco madrileño, del que se encuentran otros varios ejemplos en la propia Gran Vía, como la Casa del Libro, el Palacio de la Música, la Telefónica o más tardíamente el edificio de los Sótanos.

El edificio se alzó entre 1910 y 1912 y se le sigue llamando de la misma manera. Una de las fachadas se corresponde con la calle del Marqués de Valdeiglesias, haciendo chaflán, y es uno de los edificios de la gran avenida que mejor han conservado su decoración original.

ZONA EMBAJADORES

ATOCHA

PLAZA ANTÓN MARTÍN

Moratín

Magdalena

M ANTÓN MARTÍN

Cabeza

María

Rosa

Leal

Santa Isabel

Olmo

Del

Torrecilla

Ave S. Simón

Peces

Tres

María

Esperanza

Ave

Primavera

LAVAPIÉS

PLAZA LAVAPIÉS

84 CINE DORÉ

89 LA GRAN CORRALA

87 ESCUELAS PÍAS

N

0   250   500 m

83 TEATRO PAVÓN
Embajadores, 9

Al inicio de la calle Embajadores nos aguarda esta bella y original construcción.

Un singular y bello edificio es el histórico y popular teatro Pavón, proyectado por Teodoro de Anasagasti y Algán (1880-1938) por encargo de la empresaria y gestora cultural española Francisca

Pavón y Marcos, de quien toma su nombre. El arquitecto y urbanista vasco se especializó en salas de cine y teatro, de las que sólo en Madrid construyó el Real Cinema o el Monumental, entre otros. Este teatro se edificó entre 1924 y 1925 y fue uno de los primeros edificios madrileños construidos enteramente en estilo *art déco*, con su decoración modernista y, sobre todo, por su torre con el reloj. Durante su historia también fue sala de cine.

La sala fue inaugurada el 11 de abril de 1925 con la asistencia de los monarcas Alfonso XIII y Victoria Eugenia de Battenberg. A lo largo de su vida ha sufrido numerosas reformas que han modificado su estructura. Aún así, mantiene su originalidad. En 1953 el inmueble fue reformado según proyecto del arquitecto y académico José Antonio Corrales Gutiérrez (1921-2010). Cambió su aspecto al ser la fachada revocada con cemento gris, con lo que perdió su estilo inicial. Poco después, ya en los sesenta, eliminaron la torre del reloj en la esquina, lo que dejó

a la fachada sin su elemento más característico. En 1978 el edificio sufrió otra nueva reforma, esta vez a cargo de Enrique López-Izquierdo Camino, el gran arquitecto de cines y teatros de Madrid. Finalmente, entre 2001 y 2002 el arquitecto Ignacio de las Casas Gómez planeó una rehabilitación integral para devolver

Estamos ante uno de los primeros edificios madrileños en estilo art déco.

al teatro Pavón su apariencia original, recuperando de nuevo elementos característicos como los esgrafiados en forma de flor y el torreón con el reloj. Así, el histórico edificio recuperó su imagen tras años de abandono.

En 2002, y debido a las obras en su sede del teatro de la Comedia,

el Pavón acoge provisionalmente los montajes de la Compañía Nacional de Teatro Clásico. El 8 de septiembre de 2016 la compañía Kamikaze reabrió el recinto como el Pavón Teatro Kamikaze. El proyecto fue galardonado en 2017 con el Premio Nacional de Teatro. Pero cerró sus puertas definitivamente el 30 de enero de 2021 por culpa de la pandemia. En mayo de 2022 el Grupo Luchana se hace cargo de la gestión del teatro.

El edificio cuenta en el exterior con dos terrazas de estilo catalán que rematan la fachada. Además, cuenta con un espacio diáfano que acoge todo tipo de experiencias, talleres y actividades. El mítico bar Ambigú se encuentra ubicado en la primera planta del teatro, un espacio de arquitectura *art déco* abierto para todos los públicos —una hora antes de la función y posfunción—. En julio de 2015 se realizó una importante reforma en el Café Pavón, planta baja, respetando las señas de identidad en origen, amplias cristaleras decoradas y techo *art déco* original de 1924 que apareció durante las obras, aunque es escayola patinada y personalizada en imitación madera.

La bella torre del reloj que remata el edificio.

84

CINE DORÉ
Santa Isabel, 3

Este coqueto cine es uno de los más antiguos de todo Madrid.

Es la sede permanente de proyecciones de Filmoteca Española desde 1989. Y se utiliza tanto para su programación como para la realización de todo tipo de actividades de divulgación que permitan difundir el patrimonio cinematográfico español y sobre el cine en general: presentación de libros, seminarios, mesas redondas, coloquios, conferencias, etcétera.

Volviendo al pasado, y haciendo un recorrido por su historia, se inaugura en 1912 como espacio cultural para diversas actividades y proyecciones cinematográficas. Pero es entre 1922 y 1923 cuando se construye el actual cine Doré tras una reforma modernista coherente

El sublime patio interior convertido en cafetería.

con la arquitectura que se estaba realizando entonces en Madrid, convirtiéndose en una de las salas fijas de proyecciones más antiguas de la ciudad. Trabajó en el proyecto el arquitecto Críspulo Moro Cabeza y el maestro Francisco Garriga.

A partir de los años treinta del siglo pasado el cine Doré se configuró como una sala de reestreno, con dos sesiones diarias. Hasta su cierre

en 1963 fue un cine de barriada conocido popularmente como el Palacio de las Pipas. Antiguamente, el codiciado alimento no podía faltar en el séptimo arte y, al ser cine mudo, al principio el chasquido era resonante. Hoy día con las palomitas el sonido es más moderado.

En 1982 se hizo cargo el Ayuntamiento y lo define como de interés arquitectónico y ambiental que debe ser conservado. Un año

Sala principal con el patio de butacas, escenario y anfiteatro.

arquitectónicos y decorativos del antiguo edificio y el *hall* central se restaura y habilita para que albergue una cafetería y librería especializada en temas de cine. Hoy día su colorida fachada de elegante estilo *art déco* destaca sobre sus alrededores y llama la atención de los paseantes. Se consigue así dotar por primera vez a la Filmoteca Española de un local propio y recuperar uno de los más antiguos y característicos cines de Madrid como renovado foro cultural de la ciudad y encuentro de cinéfilos.

después se cedió al Ministerio de Cultura, que decide destinarlo a local estable de proyecciones para la Filmoteca Nacional. Así se inicia la restauración por Francisco Javier Feduchi Benlliure (1929-2005) en mayo de 1982. Además coincide también que Feduchi recibió el encargo de adaptar las instalaciones a los nuevos usos de la nueva sede de la Filmoteca Española en 2002 en la calle Magdalena. El cine se inauguró conservando los elementos

En el cine Doré, templo de Madrid para amantes del séptimo arte, se proyecta cine con años de historia, de autor, clásico e independiente. Todas las proyecciones son en versión original subtituladas.

Algunas versiones sobre el origen del nombre:

Una de ellas indica que el nombre inicial del cine se tomó inspirándose en el Gran Salón Cine Doré que existía en la Rambla de Barcelona entre los años 1908 y 1922, con espectacular fachada modernista.

Otra teoría indica que podría hacer referencia a las dos primeras notas musicales y que en algunas ocasiones el local se conociera como cine de DO-RÉ, muy posiblemente tomado como un juego de palabras. Parece ser que en algunas fotografías antiguas se puede apreciar que el nombre del cine está escrito con un guion intermedio y posiblemente en la última restauración no se pintó el guion entre ambas sílabas.

Quizás la teoría más verosímil es que el nombre se debe a un homenaje del caballero Paul Gustave Doré. Además, si nos damos cuenta y nos guiamos por la placa que adorna y da nombre a la calle, el ceramista Alfredo Ruiz de Luna, autor del

Detalle de la fachada.

callejero cerámico madrileño, se basó en esta teoría al dibujar al artista.

Paul Gustave Doré nació en Estrasburgo (Francia) el 6 de enero de 1832 y fallece en París el 23 de enero de 1883. Artista francés, pintor, grabador, escultor e ilustrador

85

HOMENAJE A PICASSO
San Pedro Mártir, 5

Escondido en una discreta calle nos espera este colorido homenaje a Picasso, ya que vivió en este edificio.

Detalle de una de las cuatro escenas.

En el piso segundo izquierda, vivió Pablo Ruiz Picasso (1881-1973) desde el mes de octubre de 1897 hasta junio de 1898, con dieciséis años, cuando estudiaba en la Academia de Bellas Artes de San Fernando. Se da la curiosa circunstancia de que por aquel entonces vivía en el mismo edificio el actor de cine y teatro Pepe Isbert Alvarruiz (1886-1966) con once años, aunque probablemente ninguno de los dos sabía el curso que iban a tener sus vidas.

El 25 de octubre de 1981, coincidiendo con el centenario del nacimiento el pintor malagueño, Lavapiés le rinde homenaje con cuatro escenas inspiradas en varias pinturas del artista, colocadas verticalmente en balcones ciegos en el mismo edificio. La ceramista Lola Gil fue la autora de este monumento-homenaje inspirado en las obras picassianas a modo de trampantojo.

En el primer piso, la más visible figura para el viandante, es un mural que representa una partida de cartas entre Picasso joven, Picasso viejo y Pepe Isbert.

El segundo piso está compuesto por fragmentos de dos mujeres inspiradas en los cuadros de Gertrudis Stein (1905): La mujer del abanico (1905) y un fauno (1905).

En la tercera planta hay fragmentos de cuadros de Picasso: La mujer en blanco (1923), La viña (1921), un búho (1950) y una botella (1914).

En el cuarto piso Picasso, como Pierrot (1925), personaje de la comedia italiana del siglo XVII.

86 CASA DE LA VELA
Sombrerete, 26

Muy poca gente sabe que este edificio de Lavapiés recibe el nombre de Casa de la Vela.

El motivo central de la fachada es un homenaje a los vecinos del barrio.

Nos llama la atención un enorme reloj de sol pintado en la fachada de la llamada Casa de la Vela, una casa de cinco plantas que en horas de luz nos ofrece las horas perfectamente sincronizado, desde las 5:00 hasta las 17:00. El motivo principal es una mujer en su balcón tendiendo la ropa, y en la parte inferior hay una inscripción dedicada a las vecinas y vecinos del barrio de Embajadores: «CASA DE LA VELA que el arquitecto Javier de la Vega Regatillo, enderezó y restauró a instancias de la EMV del Ayuntamiento de Madrid. Esta pintura-reloj solar comenzó el día 13 de mayo dándose por terminada el 8 de julio de 1985 y es dedicada a los vecinos de Embajadores. Pintado por Ángel Aragonés en 1985».

87 ESCUELAS PÍAS
Tribulete, 14

Vista exterior del edificio donde se aprecia el estado ruinoso de las antiguas Escuelas Pías.

Las Escuelas Pías de San Fernando fueron fundadas en 1729 por el padre Juan García de la Concepción en el lugar donde había una ermita de la Virgen del Pilar. El colegio contó desde el primer momento con el patrocinio de la realeza y fue muy reconocida la calidad de la enseñanza que aquí se impartía, llegando a ser uno de los centros más avanzados de Europa. Contó en sus aulas con una escuela de sordomudos que fue pionera en su funcionamiento. El número de alumnado fue creciendo y se levantó el nuevo edificio en 1791 a cargo del notable arquitecto Francisco Ruiz. Las obras comenzaron en 1734.

En el siglo XIX se amplió el complejo estudiantil con excelentes instalaciones y en 1936, con la Guerra Civil, la mayoría quedó arrasado, quedando en pie las ruinas del templo que hoy día podemos contemplar observando el enorme arco de medio punto rematado con el escudo de las Escuelas Pías por el que se accedía a una rotonda por ocho columnas estriadas con capiteles compuestos y coronada por una suntuosa cúpula obra de Alfonso Giraldo Vergaz (1744-1812), escultor neoclásico responsable

del proyecto del conjunto de la decoración escultórica de la iglesia.

En los años cuarenta en parte del solar que daba a la calle de Embajadores se construyó el actual mercado de San Fernando con una portada monumental. En el periodo 1996-2004 el conjunto fue

255

El interior del edificio alberga la biblioteca más espectacular de Madrid.

rehabilitado por el arquitecto y académico José Ignacio Linazasoro como Aulario UNED-Escuelas Pías de Lavapiés. Asimismo, la desaparecida iglesia fue rehabilitada como Biblioteca Universitaria del Centro Asociado a la UNED, que es la parte más emblemática del proyecto, quedando perfectamente integrada en las ruinas y revitalizando culturalmente el barrio de Lavapiés. La entrada a la biblioteca es por la calle de Sombrerete (plaza de Arturo Barea), y al Aulario UNED, por la calle Tribulete, número 14.

Las Escuelas Pías de San Fernando son un edificio declarado Bien de Interés

Cultural en 1996. La organización educativa de los escolapios se encuentra ubicada en la actualidad en Pozuelo de Alarcón.

En marzo de 2017 la plaza de la Corrala, como se llamaba popularmente el espacio situado frente a las antiguas Escuelas Pías, tomó el nombre de plaza de Arturo Barea (1897-1957), en homenaje a su figura y a su vinculación con el barrio. El célebre escritor de Lavapiés fue vecino del barrio y alumno de los escolapios hasta los trece años. Fue autor de la trilogía *La forja de un rebelde*.

88 LA GOTA DE LECHE
Espada, 9

Vista general del edificio en la calle de la Espada.

A continuación vemos dos históricas lápidas conmemorativas que se encuentran en el vestíbulo del centro y que homenajean a los fundadores y bienhechores de la fundación.

El edificio de La Gota de Leche se construyó bajo el proyecto del arquitecto Isaac Rodríguez Avial (18??-1923), quien tenía tendencia a realizar sus obras mediante un eclecticismo creativo. Parece ser que fue uno de los arquitectos en su época que más obras dirigió en Madrid. El edificio que podemos contemplar en chaflán es austero en ornamentación y de construcción desnuda, lo que hace resaltar las formas rotundas de su arquitectura. El único protagonista es el gran balcón sobre la entrada principal, realzado por las dos grandes ménsulas en las que se apoya.

El día 22 de enero de 1904 se inaugura en la calle Ancha de San Bernardo, junto a la iglesia-monasterio de Montserrat, el primer Consultorio de Niños de Pecho y Gota de Leche de Madrid. Fue una institución pionera en España, que proporcionaba gratuitamente leche esterilizada, alimentos y cuidados a los niños más desfavorecidos, cuyo principal fundador fue el doctor don Rafael Ulecia y Cardona. Tiempo después se trasladaría a la calle de la Espada, al histórico edificio inaugurado por la reina doña María Cristina en los terrenos que ella regaló para tal fin.

Las casas denominadas Gotas de Leche empezaron a aparecer por toda la geografía española a finales del siglo XIX y principios del XX gracias al descubrimiento para *maternizar* la leche de vaca. En su momento fue un avance excepcional que salvó la vida de muchas niñas y niños, sobre todo de las clases más humildes, ya que las clases más pudientes podían permitirse contratar a nodrizas o amas de cría. Estos dispensarios y auténticas escuelas de maternología contaban con instalaciones para el tratamiento y almacenaje de leche de vaca que se iba a maternizar y para el lavado y llenado de biberones

En la actualidad sólo queda este histórico centro en España, que sigue atendiendo a las más pequeñas y pequeños. Actualmente es un centro socioeducativo y escuela infantil regido por las Hijas de la Caridad de San Vicente de Paul, dependiente del Ayuntamiento de Madrid (Fundación Obra Social Sor Rosalía Rendú).

LA GRAN CORRALA DE LAVAPIÉS
Tribulete, 12 y Sombrerete, 13

De las cerca de 400 corralas que sobreviven en Madrid, ésta es la más conocida.

No podía faltar en esta clasificación de edificios históricos y curiosos la Gran Corrala, todo un símbolo en Madrid y, como representación del casticismo madrileño en Lavapiés, la más famosa de este tipo de vivienda característica del Viejo Madrid. Arquitectura singular y atractiva construida en 1839 por el arquitecto José María de Mariátegui. El edificio se rehabilitó a cargo el Ayuntamiento en 1987 y fue declarado Monumento Nacional el 22 de noviembre de 1977. Más tarde pasó al catálogo de Bienes Inmuebles de Interés Cultural.

La corrala es la típica vivienda populosa y castiza diseñada como casa de corredor, con armazón general de madera, y cuyos balcones dan a un patio interior. Hoy día la mayoría de las corralas están reformadas y rehabilitadas con todos los servicios necesarios para una digna habitabilidad. En el Madrid preindustrial del siglo XIX estos inmuebles permitieron albergar a las numerosas familias llegadas a la capital en busca de trabajo. Las corralas fueron inmortalizadas en novelas como *Fortunata y Jacinta*, de Benito Pérez Galdós.

Detalle de una de las galerías donde conviven los vecinos.

90 DISPENSARIO AZÚA
Segovia, 4

Vista general del edificio con la espectacular fachada esgrafiada.

Detalle de este antiguo Centro de Salud, inaugurado hace un siglo.

Conocido también como Dispensario Antivenéreo Azúa. Fue un centro de salud inaugurado en junio de 1924 que se convirtió en un centro de referencia para el resto de España en el tratamiento de enfermedades venéreas y uno de los mejores a nivel internacional. El nombre se debe al médico especializado en enfermedades de transmisión sexual Juan de Azúa Suárez (1858-1922). El éxito de este tipo de centros fue grande y se construyeron otros dispensarios similares en otras regiones de España. El edificio tiene dos plantas; la planta baja se destinaba al tratamiento de las enfermedades venéreas de los hombres, mientras que la segunda a la de las mujeres.

Juan de Azua fue el fundador de la actual Academia Española de Dermatología y Venerología y dedicó su vida al desaparecido Hospital de San Juan de Dios, en la calle Atocha. En él desarrolló su concepción de la dermatología, que llegó a ser modélica e incluso traspasó nuestras fronteras, siendo imitada en otros hospitales de Europa.

En la actualidad el Dispensario Azúa funciona como centro de salud de la Comunidad de Madrid, uno de los mayores ejemplos del esgrafiado segoviano en la ciudad de Madrid.

UN ESCHER MADRILEÑO
Conde de Romanones, 14

Muy cerca a la plaza de
Tirso de Molina aguarda
esta llamativa fachada.

Detalle del diseño
de la fachada que
se va transformando
ante nuestros ojos.

Paseando por la
calle sorprende
un edificio muy
peculiar que llama la
atención. El resultado
que vemos es una
casa con balcones
enrejados combinada
con un curioso

esgrafiado. La obra parte de unos cuadrados que parecen azulejos de dos colores y poco a poco se van transformando, deformando o mutando mediante pequeños cambios sucesivos, pasando de una figura a otra, hasta que se convierten en otras composiciones, que a su vez se deforman para formar otras y así hasta la disposición final, en este caso, unos lagartos. El esgrafiado está inspirado en las metamorfosis II de Escher.

Maurits Cornelis Escher (1898-1972), holandés, es uno de los más grandes artistas del grabado, intelectual y matemático del siglo XX. Viaja a Italia y a España y la Alambra de Granada y la Mezquita de Córdoba le influirán mucho en sus creaciones y disposiciones geométricas. Sus obras más populares son figuras imposibles y mundos imaginarios. El carácter matemático de sus obras ha hecho también que sea uno de los artistas más populares en los entornos científicos, especialmente matemáticos e informáticos.

En este caso, el esgrafiado es realizado por la empresa abulense Julio Barbero, especializada en rehabilitación y restauración de edificios. Siguiendo la técnica del esgrafiado catalán, primero realizaron los dibujos en papel y los pasaron a la fachada.

92 EL VIAJERO (ANTIGUO BAR MUSEL)
Plaza de la Cebada, 11

La fachada, cubierta de vegetación, alberga uno de los locales más concurridos de La Latina.

Placa conmemorativa.

Abrió sus puertas en 1995. La ubicación es una antigua casa-palacete de tres plantas de finales del siglo XIX con llamativo color, lo más parecido a un jardín vertical y terraza, que se convierte en un referente de modernidad en la capital. Los domingos, después de un paseo por el Rastro madrileño, es ya un clásico el alterne con cervecita, tapeo y *terraceo* por La Latina. Y El Viajero es un sitio de parada obligatoria en el barrio. En el local se han rodado escenas de cine y series de moda actuales en Netflix. Alejandro Sanz dio uno de sus primeros conciertos en Madrid.

Aquí estuvo el antiguo bar Musel, fundado en 1926, uno de los bares más populares del Madrid de la época, con su famosa *terraza a la catalana*, con caseta y barra para dar servicio también a pie de calle. El proyecto y construcción es obra del arquitecto Luis Sainz de los Terreros (1876-1936), autor, entre otros, del edificio de La Adriática, ubicado en la confluencia de la Gran Vía con la plaza del Callao.

El 2 de febrero de 2021 se colocó una placa conmemorativa del Ayuntamiento del Plan Memoria de Madrid en la fachada, premiando a El Viajero con el reconocimiento de Patrimonio Cultural de Madrid.

93 EDIFICIO NEOMUDÉJAR
Calatrava, 38

Frente a la Basílica de
San Francisco el Grande
destaca esta colorida
construcción hábil en
el uso del ladrillo.

Detalle de uno
de los balcones.

Curioso edificio
neomudéjar
que destaca del
resto de inmuebles que
le rodean mediante
patrones geométricos
y decorativos de
mosaicos de varios
colores y ladrillo visto.
Es otra pieza de museo
del paisaje urbano y
con unas maravillosas
vistas a la basílica
de San Francisco.

La calle Calatrava se encuentra entre la calle de Toledo y la plaza de San Francisco

En este lugar tuvo su quinta el opulento judío Mosén Romano, contador mayor de Castilla y muy amigo del rey Enrique II, a quien prestaba grandes sumas de dinero. Tras la expulsión de los judíos por los Reyes Católicos abandonaron los descendientes de Mosén Romano la quinta y con el paso del tiempo, fue adquirida por Luis Monroy de Calatrava, personaje de gran hacienda y del apellido de aquel caballero tomó el nombre la calle.

Como curiosidad y preguntando a los vecinos del barrio me dicen que el edificio ya restaurado era el lugar donde tenía la quinta Mosén Romano.

94

EL IMPARCIAL
Duque de Alba, 4

El edificio albergó durante dos décadas la sede del periódico *El Imparcial*.

Junto a la plaza de Tirso de Molina, luce en todo su esplendor el bello edificio que fue el elegido, por el periódico *El Imparcial*, de ideología liberal, para su nueva sede, inaugurándose en 1913. Eran clásicos *Los Lunes del Imparcial* con la colaboración habitual de importantes escritores de la generación del 98.

Fundado por don Eduardo Gasset y Artime en 1867, abuelo del filósofo

José Ortega y Gasset, fue uno de los diarios más influyentes en España a finales del siglo XIX y principios del XX.

El palacete, que a día de hoy sigue siendo una joya arquitectónica de estilo ecléctico, fue uno de los primeros edificios capaces de albergar la sede de un diario moderno y liberal. Fue proyectado por el académico Daniel Zavala Álvarez entre 1911 y 1913, arquitecto que en sus trabajos combina corrientes historicistas españolas con el eclecticismo francés.

En mayo del año 1933 el periódico cerró y en su patio se edificó el cine Alba. El cine Alba hasta 1941 fue cine convencional con los estrenos de la época, pero luego y hasta el 84, estuvo proyectando títulos del cine de destape. Más tarde y hasta su cierre en 2015 se dedicó a cine erótico. Fue el último cine X de la capital.

Hoy en día el histórico palacio ha sido transformado en un multiespacio para actividad

Detalle ubicado en la cornisa.

hostelera y cultural. En su conjunto se han creado dos espacios: la librería y el restaurante y la Sala X —cine, bar y cafetería—. Hoy la renovada Sala Equis se ha reinventado, orientada al cine de culto y de autor, donde se pretende rescatar el recuerdo y la cultura del mítico cine Alba; la librería se ha especializado en ensayo, arquitectura y humanidades; y el restaurante presenta una decoración moderna y *vintage*, quizás minimalista, pero sin prescindir de su identidad, manteniendo la esencia histórica del edificio.

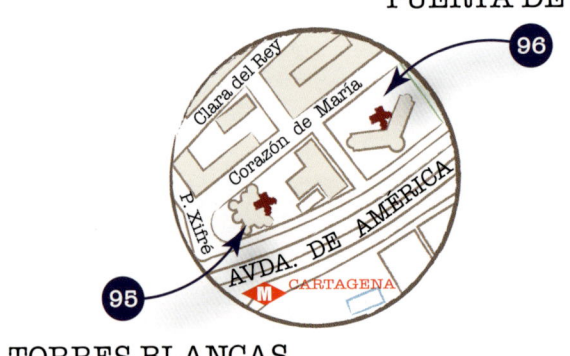

HOTEL
PUERTA DE AMÉRICA

96

95

TORRES BLANCAS

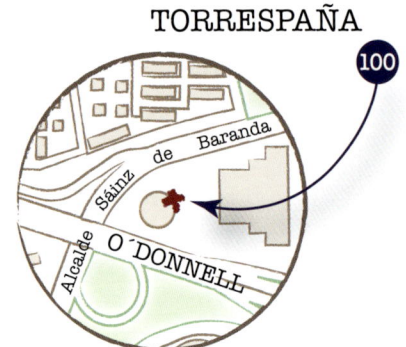

TORRESPAÑA

100

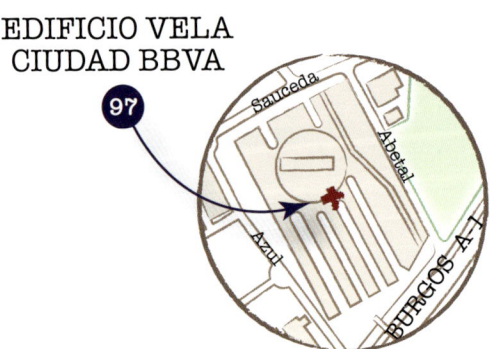

EDIFICIO VELA
CIUDAD BBVA

97

OTRAS ZONAS

MIRADOR SANCHINARRO

98

PABELLÓN HEXÁGONOS

99

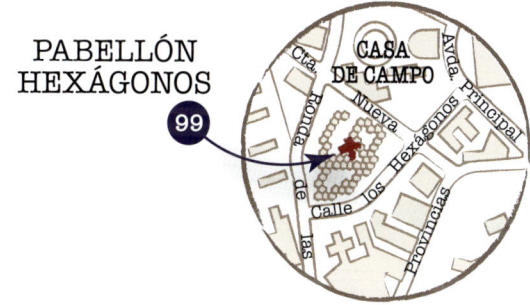

HIPÓDROMO DE LA ZARZUELA

101

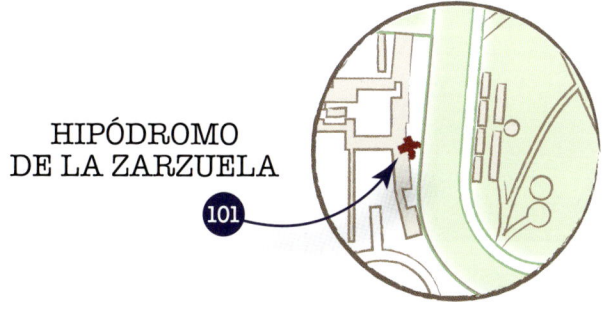

95 TORRES BLANCAS
Avenida de América, 37

Diseñado por
Sáenz de Oiza, nos
encontramos ante uno
de los edificios más
singulares de Madrid.

Vista de los jardines y
fachadas del edificio.

La curiosidad del nombre es porque inicialmente se proyectaron dos torres revestidas de mármol blanco, pero sólo se construyó una de hormigón visto. La torre que mantiene un planteamiento de ciudad jardín vertical tiene veintiuna plantas. Además, hay otras dos plantas en lo alto del edificio con restaurante y piscina.

Cada planta tiene cuatro viviendas que se concibieron para viviendas de lujo muy amplias —algunas superan los doscientos metros cuadrados—, que sorprenden por la circularidad del interior de las viviendas. La estructura del edificio es de hormigón armado y no tiene pilares. Son las paredes externas y la estructura vertical interna las que garantizan la función de sustentación.

El edificio, de ochenta y un metros de altura, es una estructura a base de cilindros rodeados por miradores, terrazas curvas con

El portal abraza al visitante con sus espectaculares formas.

jardines agrupadas como si fueran hojas de ramas de un árbol, que marcaron un hito en el *skyline* madrileño. Una original y curvada piscina recorre la azotea de la torre.

El proyecto fue encargado en 1961 por el empresario, mecenas y constructor navarro Juan Huarte Beaumont al arquitecto Francisco Javier Sáenz de Oiza (1918-2000), quien tuvo la colaboración de los ingenieros Leonardo Fernández Troyano y Carlos Fernández Casado. Las obras comenzaron en 1964 y acabaron en 1968 y es recordada

Piscina situada en la última planta del inmueble.

como una arquitectura vanguardista que creó tendencia, rompiendo esquemas de la época. El estilo arquitectónico es un ejemplo de arquitectura organicista y brutalista, aunque generalmente es reconocida como una de las obras maestras del organicismo, también llamado *modernismo orgánico* —filosofía de la arquitectura que promueve la armonía entre el hábitat humano y el mundo natural—.

Con este edificio, Sáenz de Oiza ganó el Premio de la Excelencia Europea en 1974.

HOTEL PUERTA DE AMÉRICA
Avenida de América, 41

La singularidad de este hotel es que cada planta lleva la firma de un prestigioso arquitecto.

E l hotel de cinco estrellas, es un proyecto único que ha reunido a diecinueve de los mejores estudios de arquitectos y diseñadores de prestigio internacional y que tiene el lujo de contar con cuatro premios Pritzker, el Nobel de la arquitectura.

Fue inaugurado en 2005 y es un icono de vanguardia y diseño a nivel nacional e internacional. Cada una de las plantas y habitaciones está diseñada por un prestigioso arquitecto. Así, por ejemplo, el famoso y prestigioso arquitecto británico Norman Foster, galardonado con el Premio Pritzker en 1991 y el Premio Príncipe de Asturias de las Artes en 2009, ha sido el encargado del diseño de la planta segunda. Su diseño está inspirado en el trabajo del escultor vasco Eduardo Chillida.

En la planta quinta, Victorio & Lucchino, visión de diseño español con referencia de imagen para todo el mundo. La planta undécima, con decoración ecléctica llena de contrastes, obra de Javier Mariscal y Fernando Salas. La inigualable fachada ha sido diseñada con un espectacular colorido por Jean Nouvel, (ampliación del Museo Reina Sofía). El icónico arquitecto y diseñador francés premio Pritzker en 2008 es además el autor de la planta duodécima y del ático, que alberga un gimnasio, una piscina, un bar y un mirador. Teresa Sapey, prestigiosa arquitecta italiana es la protagonista del diseño del garaje. Para Sapey, los garajes cada vez son más un espacio urbano a los que hasta ahora no se les había prestado mucha atención.

El hotel tiene propuestas *lifestyle*, una fusión perfecta de diseño, gastronomía y ocio. En la última planta, The Observatory, con un

espectacular jardín vertical interior o un cóctel en el Skynight, terraza y música DJ. En la planta baja, cocina de temporada en Karrara Terrasse.

La filosofía del hotel es «Libertad, arquitectura y diseño». En su conjunto, como dicen en su web, es una obra de arte, única, con estilo y personalidad propia.

97

EDIFICIO LA VELA (BBVA)
Azul, 2

Esta moderna construcción es uno de los nuevos hitos del *skyline* de Madrid.

El edificio La Vela destaca en el paisaje urbano madrileño. Es una torre elíptica de diecinueve plantas, noventa y tres metros de altura, ochenta y dos metros de diámetro y sólo dieciséis metros de anchura.

La Ciudad BBVA es un complejo empresarial de la entidad financiera BBVA que alberga la actual sede operativa de la entidad bancaria española Banco Bilbao Vizcaya Argentaria y se encuentra en el barrio de Las Tablas. El complejo, de 114 000 metros cuadrados, se organiza alrededor de una gran plaza y su principal edificio es el nuevo icono en el *skyline* («horizonte») de Madrid, La Vela, que simboliza los valores de la cultura corporativa: vanguardia, interculturalidad, sostenibilidad y globalidad. Como curiosidad, el nombre fue elegido entre sus empleados a través de un concurso de ideas.

El proyecto en su conjunto fue diseñado en 2001 por la firma de arquitectura Herzog & De Meuron —estudio suizo de arquitectura integrado por Jacques Herzog y Pierre de Meuron— ganadora del Premio Pritzker. La primera fase se terminó en 2013 y la segunda en 2015. El diseño y arquitectura ha sido un reto a nivel constructivo y, en definitiva, es uno de los

edificios de referencia de la arquitectura contemporánea de la capital. Además, en 2014 recibió la certificación de gestión medioambiental ISO 14001. Esta norma se centra en el cuidado del medioambiente y la sostenibilidad.

98

MIRADOR DE SANCHINARRO
Princesa de Éboli, 17

El moderno edificio destaca por la gran abertura central de su fachada.

Inaugurado en 2005, de arquitectura posmoderna y proyectado por el estudio MVRDV —oficina de arquitectura, diseño y urbanismo fundada en Róterdam— en colaboración con la madrileña Blanca Lleó Fernández, arquitecta, ganadora de varios premios nacionales de

La construcción también sorprende por el llamativo uso de colores.

arquitectura. Se encuentra en el barrio de Sanchinarro, en el norte de Madrid, y su construcción se gestionó desde la EMV (Empresa Municipal de Vivienda de Madrid).

Se trata de un edificio en altura de 63,4 metros y veintiuna plantas. La abertura central, que se encuentra a 36,8 metros del suelo, es de lo más sugestivo; hay un jardín comunitario que hace las veces de mirador, de ahí el nombre. También se le llama

Torre Mirador, Edificio del Agujero, Mirador de Sanchinarro o el Donut.

En el acabado de las viviendas hay treinta y cinco diferentes, de ahí las tonalidades y acabados exteriores. Además del mirador central, hay un pasillo corredor semiabierto en la última planta. Al edificio se le podría etiquetar de extraño, raro o curioso, pero la verdad es que visto de cerca impone; es impresionante.

PABELLÓN DE LOS HEXÁGONOS
Hexágonos, s/n (CASA DE CAMPO)

Este premiado edificio se puede ver en la actualidad en la Casa de Campo, aunque solo una parte se ha rehabilitado.

El edificio albergó en su interior numerosas ferias de campo.

de Arquitectura en la Exposición Universal de Bruselas que se celebró en 1958. Dos años antes, en 1956, el Ministerio de Asuntos Exteriores convocaría un concurso nacional de ideas para el Pabellón Español bajo el lema: «Por un mundo más humano». Los ganadores del concurso fueron los arquitectos José Antonio Corrales Gutiérrez (1921-2010) y Ramón Vázquez Molezún (1922-1993). Ambos realizarían numerosos proyectos juntos en su carrera profesional, y quizás uno de los más importantes sería este, ya que el pabellón tuvo un gran éxito y no sólo recibió un primer premio por delante de edificios tan famosos como el Atomium de Heysel (Bruselas), sino que

Es un edificio de diseño original y espectacular construido con acero, vidrio, aluminio y ladrillo y alberga en su interior una estructura de ciento treinta hexágonos. Recibió una de las medallas de oro del Premio

286

además tuvo una gran repercusión y supuso el relanzamiento de la arquitectura española en el panorama internacional en los años sesenta.

El Pabellón de los Hexágonos tenía que estar diseñado para poder reconstruirse en España al finalizar la exposición, por lo que los arquitectos optaron por un sistema prefabricado. El elemento básico es un *paraguas hexagonal* de seis metros de diámetro y seis de alto. Los autores consiguieron una perfecta integración entre su arquitectura y la naturaleza circundante, adaptado a la topografía con la estructura ligera y desmontable, utilizándose el módulo hexagonal para solucionar el mobiliario y la decoración interior.

En 1959, un año después de la exposición, se desmontó y se trasladó al recinto ferial de la Casa de Campo. En 1967 el arquitecto José Luis Fernández del Amo (1914– 1995) lo amplió y restauró con la colaboración de los autores. A partir de entonces perteneció al Ministerio de Agricultura, que lo mantuvo en buen estado hasta el año 1975, cuando albergó diversas ferias del campo hasta que cayó en completo abandono. En 2019 empezó su restauración por parte del Área de Cultura, Turismo y Deporte del Ayuntamiento de Madrid. En la actualidad se puede visitar con el programa de paseos del Ayuntamiento de Madrid.

100 TORRESPAÑA (EL PIRULÍ)
Confluencia O'Donnell con Alcalde Sainz de Baranda

El célebre Pirulí es una de las siluetas más icónicas del cielo madrileño.

Torrespaña hace referencia a un conjunto de edificios, en el complejo está RTVE, donde se producen los telediarios y los programas informativos de los canales públicos españoles La 1, La 2, Canal 24 Horas, Teledeporte, y la torre de telecomunicaciones popularmente conocida como el Pirulí. Sirve para llevar la señal TDT (Televisión Digital Terrestre) a los principales puntos de difusión de nuestro país y de ahí a nuestras casas. Otra de las grandes funciones es ser el centro emisor de Madrid; tiene más de cuatrocientas antenas.

El edificio se compone de un fuste de hormigón armado y cemento, donde apoya el centro de control, repartido en cuatro plantas cerradas con paneles de acero. Por encima se elevan otras cuatro plataformas para antenas y, finalmente, una antena. En el hueco circular hay un ascensor rodeado por una escalera de más de mil doscientos escalones. La torre estratégica de telecomunicaciones tiene una altura de 232 metros en total. La torre se mueve, pero no por un error de construcción, sino porque si no fuera así se partiría. El desplazamiento puede llegar a alcanzar los cuarenta centímetros.

Su construcción marcó un hito en la historia de este tipo de edificaciones, por la celeridad de las obras y las técnicas empleadas. La torre fue construida entre febrero de 1981 y marzo de 1982 por las empresas Dragados y Agroman con proyecto del arquitecto Emilio Fernández Martínez de Velasco. La inauguración fue en 1982, para la cobertura del Campeonato Mundial de Fútbol en España de 1982.

Es propiedad de la empresa Cellnex Telecom, nombre con el que se rebautizó a la empresa Abertis Telecom, habiendo pertenecido previamente a RTVE y después pasó a Retevisión hasta 2003.

El Pirulí se convirtió en emblema del paisaje madrileño y en símbolo de la España de la Transición.

101 HIPÓDROMO DE LA ZARZUELA
Km 8 de la carretera de La Coruña (A-6)

El hipódromo, hito de la arquitectura madrileña,
tiene capacidad para seis mil espectadores.

El Hipódromo de la Zarzuela se encuentra enclavado en el monte con el mismo nombre, junto al monte de El Pardo. Como espacio de ocio y esparcimiento, se ha convertido en un referente, no sólo y especialmente por las carreras de caballos y los espectáculos hípicos, sino que además uno de los mayores atractivos son las Noches del Hipódromo en su amplia y diversa oferta gastronómica, musical y de diversión.

El Hipódromo de La Zarzuela en la actualidad está vinculado a Patrimonio Nacional y forma parte de la Sociedad Estatal de Participaciones Industriales (SEPI). Sus tribunas están consideradas como una de las obras maestras y excepcionales de la modernidad del primer tercio del siglo XX, ya que significó un avance importante en los sistemas de construcción desde el punto de vista estructural y tipo de materiales empleados. El estilo arquitectónico puede considerarse orgánico o modernidad organicista, que deriva del racionalismo.

Tras años de abandono, desde 2005 el hipódromo está en uso de manera continuada.

Destaca en el proyecto la obra de ingeniería, con las *viseras*, tribunas de amplios voladizos —la marquesina laminar vuela casi trece metros y sólo cinco centímetros de espesor en los extremos—. La tribuna tiene una capacidad para seis mil espectadores. El recinto cuenta con ciento diez hectáreas de gran valor ecológico y unas instalaciones de primer nivel.

El hipódromo fue diseñado por los arquitectos Carlos Arniches Moltó

Una de las múltiples carreras
que se celebran aquí

El famoso ingeniero de caminos, canales y puertos antes había participado en la construcción del Hipódromo de San Siro en Milán y fue especialista en el estudio de nuevos materiales de gran resistencia, especialmente el hormigón armado.

Las obras comenzaron en 1935, después de que el Gobierno republicano expropiara el antiguo hipódromo situado en el paseo de la Castellana para poder construir los Nuevos Ministerios. Quedaron paralizadas en julio de 1936 por la Guerra Civil y tras la contienda, en 1940, se retomaron, inaugurándose el recinto el 4 de mayo de 1941. Tras muchos años en desuso desde la primavera del año 1997, el 23 de octubre de 2005 el hipódromo volvió a abrir sus puertas. Posteriormente, ya en 2008, el conjunto se rehabilitó tras una restauración compleja por el equipo dirigido por Junquera Arquitectos SLP y se reabrió el recinto en 2015, adecuándolo a los requerimientos de un hipódromo del siglo XXI.

(1895-1958) y Martín Domínguez Esteban (1897-1970), amigos y compañeros de la Escuela de Arquitectura, y por el ingeniero Eduardo Torroja (1899-1961), quien con la genialidad de este proyecto se adelantó a su tiempo.

El singular espacio fue declarado Bien de Interés Cultural (BIC) con categoría de Monumento en octubre de 2009 y en 2012 ganó el Primer Premio del Colegio de Arquitectos de Madrid (COAM) por su proyecto de restauración y rehabilitación.

Además, se ha abierto el Museo Torroja, ubicado bajo las tribunas norte del edificio, donde se expone una representativa parte de su obra, uno de los máximos referentes internacionales de la historia de la ingeniería y la arquitectura del siglo XX. A Eduardo Torroja se le otorgó a título póstumo el título de marqués en reconocimiento a su extraordinaria labor en el campo de la ingeniería civil.

Claudio Carudel (1938-2012) fue un yoquey franco-español considerado uno de los jinetes más importantes de la segunda mitad del siglo XX, con un total de doce triunfos en el Gran Premio de Madrid.